中国人民大学研究报告系列

中国区域文化力发展指数

2018

REGIONAL CULTURAL POWER DEVELOPMENT INDEX OF CHINA

王琪延　王　博　著

中国人民大学出版社
· 北京 ·

总序

陈雨露

当前中国的各类研究报告层出不穷，种类繁多，写法各异，成百舸争流、各领风骚之势。中国人民大学经过精心组织、整合设计，隆重推出由人大学者协同编撰的“研究报告系列”。这一系列主要是应用对策型研究报告，集中推出的本意在于，直面重大社会现实问题，开展动态分析和评估预测，建言献策于咨政与学术。

“学术领先、内容原创、关注时事、咨政助企”是中国人民大学“研究报告系列”的基本定位与功能。研究报告是一种科研成果载体，它承载了人大学者立足创新，致力于建设学术高地和咨询智库的学术责任和社会关怀；研究报告是一种研究模式，它以相关领域指标和统计数据为基础，评估现状，预测未来，推动人文社会科学研究成果的转化应用；研究报告还是一种学术品牌，它持续聚焦经济社会发展中的热点、焦点和重大战略问题，以扎实有力的研究成果服务于党和政府以及企业的计划、决策，服务于专门领域的研究，并以其专题性、周期性和翔实性赢得读者的识别与关注。

中国人民大学推出“研究报告系列”，有自己的学术积淀和学术思考。我校素以人文社会科学见长，注重学术研究咨政育人、服务社会的作用，曾陆续推出若干有影响力的研究报告。譬如自 2002 年始，我们组织跨学科课题组研究编写的《中国经济发展研究报告》《中国社会发展研究报告》《中国人文社会科学发展研究报告》，紧密联系和真实反映我国经济、社会和人文社会科学发展领域的重大现实问题，十年不辍，近年又推出《中国法律发展报告》等，与前三种合称为“四大报告”。此外还有一些散在的不同学科的专题研究报告也连续多年出版，在学界和社会上形成了一定的影响。这些研究报告都是观察分析、评估预测政治经济、社会文化等领域重大问题的专题研究，其中既有客观数据和事例，又有深度分析和战略预测，兼具实证性、前瞻性和学术性。我们把这些研究报告整合起来，与人民大学出版资源相结合，再做新的策划、征集、遴选，形成了这个“研究报告系列”，以期放大规模效应，扩展社会服务功能。这个系列是开放的，未来会依情势有所增减，使其动态成长。

中国人民大学推出“研究报告系列”，还具有关注学科建设、强化育人功能、推进协同创新等多重意义。作为连续性出版物，研究报告可以成为本学科学者展示、交流学术成果的平台。编写一部好的研究报告，通常需要集结力量，精诚携手，合作者随报告之连续而成为稳定团队，亦可增益学科实力。研究报告立足于丰厚素材，常常动员学生参与，可使他们在系统研究中得到学术训练，增长才干。此外，面向社会实践的研究报告必然要与政府、企业保持密切联系，关注社会的状况与需要，从而带动高校与行业企业、政府、学界以及国外科研机构之间的深度合作，收“协同创新”之效。

为适应信息化、数字化、网络化的发展趋势，中国人民大学的“研究报告系列”在出版纸质版本的同时将开发相应的文献数据库，形成丰富的数字资源，借助知识管理工具实现信息关联和知识挖掘，方便网络查询和跨专题检索，为广大读者提供方便适用的增值服务。

中国人民大学的“研究报告系列”是我们在整合科研力量，促进成果转化方面的新探索，我们将紧扣时代脉搏，敏锐捕捉经济社会发展的重点、热点、焦点问题，力争使每一种研究报告和整个系列都成为精品，都适应读者需要，从而铸造高质量的学术品牌、形成核心学术价值，更好地担当学术服务社会的职责。

前言

2017年10月18日，中国共产党第十九次全国代表大会在北京开幕。习近平同志代表第十八届中央委员会向大会作了题为《决胜全面建成小康社会，夺取新时代中国特色社会主义伟大胜利》的报告。报告中提出了关于中国特色社会主义进入了新时代，“我国社会主要矛盾已经转化为人民日益增长的美好生活需要和不平衡不充分的发展之间的矛盾”的重要论断，尤其提出“坚定文化自信，推动社会主义文化繁荣兴盛……没有高度的文化自信，没有文化的繁荣兴盛，就没有中华民族伟大复兴。要坚持中国特色社会主义文化发展道路，激发全民族文化创新创造活力，建设社会主义文化强国”。这一方面表明面对新时期经济发展战略的调整、经济结构的转型升级，文化事业和文化产业将迎来新一轮发展契机，另一方面也体现出在新经济宏观背景下人们的需求是多方面的，人们的精神文化需求是构成美好生活需要的重要组成部分，文化建设则是解决不平衡不充分的发展的重要手段。我们要以十九大精神为指引，充分发挥中华民族强大的文化创造力和先进文化的积极引领作用，进一步推动文化建设各项工作的开展，以文化的繁荣兴盛助推中华民族的伟大复兴。制定《中华人民共和国国民经济和社会发展第十三个五年规划纲要》时，文化及文化产业再次被作为重要议题写入规划中，规划提出“加快文化改革发展”“丰富文化产品和服务”“推进文化事业和文化产业双轮驱动”等，并确立十三五时期“公共文化服务体系基本建成，文化产业成为国民经济支柱性产业”的发展目标。回顾“十二五”时期，我国文化事业建设、文化产业发展成绩斐然。截至2015年，全国公共图书馆、群众文化机构、博物馆服务人次分别达到5.89亿、5.48亿和7.81亿，年增长率均在10%左右；全国艺术表演团体演出收入达到93.93亿元，比上一年增长24.1%；8家文化企业首次公开发行股票并上市，首发融资额共计80.62亿元，19家上市文化企业实现再融资，共募集资金506.30亿元。全国文化及相关产业增加值占GDP的比重在2015年达到3.97%，相比2010年的2.8%提高了一个百分点，北京、上海、江苏、广东等省市文化产业增加值占GDP的比重在2015年已超过5%，如此来看，在“十三五”的收官之年，即在2020年，我国文化产业极有希望实现文化产业增加值占GDP的比重达到5%，从而实现文化产业成为国民经济支柱产业的发展目标。“十二五”的圆满收官为“十三五”时期文化事业建设、文化产业发展奠定了坚实的基础，全力推动文化产业发展也将成为“十三”时期经济发展的主旋律、创新创业的新动力，而推动文化供给侧结构性改革、激发文化消费活力、推行“文化+”的融合发展模式将成为“十三五”时期文化产业发展的主要着力点。

文化是区域的灵魂，区域是文化的载体。中华传统文化有五千多年的历史，博大而精深，丰富而厚重，在历史长河中所形成的精神信仰、伦理观念、处世哲学等文化精髓，对推动区域发展依然具有不容忽视的重要价值。中华文明不仅是我国构建社会主义核心价值体系的主要内容、培育和践行社会主义核心价值观的源头活水，在文化与政治、经济相交融的21世纪，它更是影响区域发展最为深远的内在要素。从区域文化的产生与人类文明的发展历程来看，二者相伴而生，文化的力量熔铸于区域的生命之中，塑造区域的魅力，引领区域的发展，推动区域的进步；与此同时，区域也在历史演进中实现了对传统文化的传承和延续。随着社会的不断进步、国际竞争的日益激烈，文化发展在区域建设中的重要性日益凸显，以文化为核心的软实力正日益成为国际舞台上各区域乃至各国角逐的焦点。我们也应该清晰地认识到，我国区域文化建设还存在较大的有待继续完善和改进的空间，尤其在与世界发达区域的比较中，我国区域文化发展水平差距较大，尚未在国际市场上形成明显的竞争优势。随着世界各国文化大交流时代的来临，中国文化在文化全球化中如何提高地位以及如何影响其他国家的人民，是值得我们深思的重要议题。

与文化产业迅猛发展的形势相呼应，学术界围绕文化议题的研究也是如火如荼，越来越多的学者基于不同学科、不同视角对文化发展问题进行多角度的研究和探讨，并形成了很多有意义的研究结论。通过对相关文献进行梳理，我们发现，现有研究成果的不足之处主要是：理论探讨较多，实证研究较少；基于全国层面的研究较多，区域层面的研究较少，以区域文化为研究对象的实证研究更少；研究视角、研究维度、研究方法等都有待拓宽，研究内容和体系仍需丰富和完善。

基于上述思考，文化力发展指数课题组（以下简称本课题组）搜集和整理了2015年我国地级及地级以上城市文化相关数据，借助一定的统计分析方法，对我国区域文化发展水平进行测算和评估，揭示我国区域文化发展的客观现状，理清区域文化发展中的不足和薄弱环节，为探索推进区域文化建设、促进区域文化发展提供了客观科学依据。本书第一章由王琪延、王博、田童执笔，第二章至第七章由王博执笔。在此谨对本课题组成员以及所有关心本课题的专家学者深表谢意。

由于我国区域文化统计工作尚不完善，在各区域年鉴中对文化指标的统计及统计口径上并没有保持完全的一致性，尤其是一些偏远的、发展较为落后的区域，文化统计严重滞后，一些较为重要的文化发展指标或未做数据统计，或存在年份上的数据缺失，对课题研究的顺利进行形成很大的阻碍。我们在对个别区域指标数据缺失的处理上，一方面，运用统计方法进行推算、插补或近似替代；另一方面，将指标数据缺失过于严重的区域予以删除，最后仅保留了 236 个地级市作为研究样本。此外，区域文化发展指数理论评价体系中一些重要的文化指标，由于数据很难获取而未能纳入实证评价体系中。数据获取与处理等问题的存在，使本书的研究难免存在疏漏，有待我们在后续的分析和研究中加以补充和完善。书中也难免存在错漏之处，恳请各位读者批评指正。

王琪延

2017 年 12 月于中国人民大学

目 录

第一章 绪论

一、研究背景及意义

(一) 选题背景

1. 中国传统文化价值与区域发展

在中国，“文化”一词最初源于《易经》：“观乎天文，以察时变；观乎人文，以化成天下。”也就是说，文化在我国古代文明中寓指人文教化。在西方，文化（culture）一词则源于拉丁文 cultura 和 colere，原意是“耕耘、栽培、养育”等，后引申为“对人的品行、智能的培养”。在现代语境中，更将 culture 解释为“是人类能力的高度发展，精神、心性的修养”。可见，无论是在东方文化中，还是在西方文化中，文化皆有“教育、教化”之意，是推动人类文明发展进步的精神动力。文化与社会文明相伴而生，人们通过在生产实践中不断创造、在社会交往中相互学习与分享而形成文化。文化也在特定的时间和空间下指引人们的行为方式、影响人们的价值观念。每一个时代都会有新观念的产生、旧思想的舍弃，而每一个时代新文化的产生又都是建立在传统文化的基础之上的。可见，优秀文化的形成并不是一蹴而就，而是在历史发展的过程中不断积淀而成，凝结着一代又一代人不断进化的思想和价值观念，先进的文化更是人类文明进步的结晶。

中华传统文化拥有五千多年的历史，博大而精深，丰富而厚重，源远流长，经过历史长河的锤炼所积淀下的是中华民族几千年的智慧结晶和思想精髓，并形成了独特的精神标识，是中华民族品格之根本、信念之所在、生命之源泉。中华传统文化中所蕴藏的进取、爱国、顽强、拼搏等精神信念，尊师孝亲、修身自律、务实奋进、勤劳节俭等伦理观念，以及“天人合一”“和而不同”“海纳百川”“兼容并蓄”的文化思想，在当今时代依然具有不容忽视的重要价值，不仅是我国构建社会主义核心价值体系的主要内容，培育和践行社会主义核心价值观的源头所在，在文化与政治、经济相交融的21世纪，文化更是成为影响区域发展最为深远的内在要素，是区域精神特质的塑造者。党的十八大报告中也明确提出了“建设优秀传统文化传承体系，弘扬中华优秀传统文化”的重大任务。习近平总书记2013年在全国宣传思想工作会议上提出了“四个讲清楚”：宣传阐释中国特色，要讲清楚每个国家和民族的历史传统、文化积淀、基本国情不同，其发展道路必然有着自己的特色；讲清楚中华文化积淀着中华民族最深沉的精神追求，是中华民族生生不息、发展壮大的丰厚滋养；讲清楚中华优秀传统文化是中华民族的突出优势，是我们最深厚的文化软实力；讲清楚中国特色社会主义植根于中华文化沃土、反映中国人民意愿、适应中国和时代发展进步要求，有着深厚历史渊源和广泛现实基础。习总书记的“四个讲清楚”具体指明了中华传统文化的巨大价值，反映出党和国家对中国传统文化传承与发展的高度重视。2017年10月18日，中国共产党第十九次全国代表大会在北京开幕。习近平同志代表第十八届中央委员会向大会作了题为《决胜全面建成小康社会，夺取新时代中国特色社会主义伟大胜利》的报告。报告中关于中国特色社会主义进入了新时代，作出“我国社会主要矛盾已经转化为人民日益增长的美好生活需要和不平衡不充分的发展之间的矛盾”的重要论断，尤其提出“坚定文化自信，推动社会主义文化繁荣兴盛……没有高度的文化自信，没有文化的繁荣兴盛，就没有中华民族伟大复兴。要坚持中国特色社会主义文化发展道路，激发全民族文化创新创造活力，建设社会主义文化强国”。这表明面对新时期经济发展战略的调整、经济结构的转型升级，文化事业和文化产业将迎来新一轮发展契机，也体现出在新经济宏观背景下人民的需求是多方面的，人民的精神文化需求是构成美好生活需要的重要组成部分，文化建设则是解决不平衡不充分的发展的重要手段。因此，在社会不断发展进步的今天，我们应注重对传统文化的传承与发扬，赋予传统文化新的时代内涵，充分认识和阐释传统文化的时代价值，传承并弘扬中华民族的优秀文化，在新的发展时代让传统文化焕发出新的活力，以十九大精神为指引，充分发挥中华民族强大的文化创造力和先进文化的积极引领作用，进一步推动文化建设各项工作的开展，以文化的繁荣兴盛助推中华民族的伟大复兴。

（1）区域发展中传统文化的当代价值。

文化是一个区域的灵魂，是区域精神特质的塑造者。历经千年历史沉淀的中华传统文化是中华民族智慧的结晶，在现今区域发展中依然具有强大的生命力、指引力，对推动区域发展、形成更为先进的区域文明依然具有重要的价值。结合中国传统文化的内涵，区域发展中传统文化的当代价值具体表现为社会价值、经济价值、政治价值与历史价值。

首先，传统文化的当代价值表现为社会价值。文化，即以“文”“化”之，教化、育人是文化的本质属性、首要功能。中华传统文化中“引人向上”“导人向善”的人文精神，“天人合一”的处世哲学等，在当今物欲横流的时代、人与自然冲突愈加凸显的今天，更能凸显出其重要的教化价值，对推动社会进步、持续发展具有重要意义。改革开放使国民的生活水平大幅提高，物质文明得以极大发展，但随之而来的是日益严重的社会浮躁现象，精神文明建设也没有得到应有的重视。人们在满足物欲的过程中、在日益忙碌的工作生活中，忽视了对忠诚、孝顺、真诚、与人为善、以己度人等优秀精神品格的坚持，导致社会上官僚腐败、信任缺失、情感冷漠、群体事件、语言暴力、攀比炫富等不文明现象愈演愈烈。在创造物质财富的过程中，也不乏为了眼前利益和一己私利无度掠夺和私自抢占自然资源、肆意破坏生态环境的奸商企业。人与自然、人与社会、人与人的冲突日益激烈，由此而引发的生态危机、道德危机、人文危机也日益凸显，这与我国传统文化思想传承的缺失存在很大的关联。当今社会文明建设所缺失的正是我国传统文化所积极倡导的。我国优秀的传统文化是中华民族五千多年智慧的结晶，凝聚着中华民族自强不息的精神信念和历久弥新的精神财富，它所包含的“仁者爱人”的济世精神，“自强不息”的进取精神，“刚柔相济”的坚韧精神，“知行合一”的务实精神，“和而不同”的包容精神，“言必信，行必果”的诚信精神，是推动中华民族向前发展的重要动力，是中华民族共有的精神家园，在当代社会更是培育和践行社会主义文化价值观的源头所在。中国传统文化中“天人合一”的哲学思想，也是最早倡导“尊重自然”、强调“人与自然和谐发展”的生态智慧。可见，中华传统文化的传承与发展对于维护社会稳定、锻铸民族精神，以及抵制极端个人主义、享乐主义和拜金主义的冲击具有不可替代的重要作用，是增强民族自尊心、自信心、凝聚力和向心力的动力源泉，是建设社会主义精神文明的重要支撑，从而体现出中华传统文化重要的社会价值。

其次，传统文化的当代价值还表现为经济价值。文化不是从来就有的，而是人们在生产实践中产生并逐渐形成的，即人为创造性是文化的本质属性。文化的形成伴随着人类物质文明的发展，文化的发展进步同样也促进了物质财富的形成。人们通过劳动与智慧创造的文化产品，经由市场的交换而成为商品，从而产生经济价值，为文化生产者带来财富。同时，随着人们物质财富的不断累积，对文化产品的消费需求越来越大，文化生产成为社会生产的重要组成部分，文化产品的类型和文化服务的形式逐渐趋于多元化，并最终推动了文化产业的形成。如今，文化产业已经成为很多发达国家经济增长的重要贡献者，文化产业发达的国家或区域，也常常经济实力较为雄厚，如法国的文化之都巴黎不仅是一座举世闻名的世界文化名城，同时也是欧洲 GDP 最高的城市，这座汇集着世界文化珍品的千年古城以其卓越的文化魅力吸引了大量的资金和人才，并发展成为欧洲都市圈的核心。巴黎的成功验证了文化与经济发展之间的相互促进，以及良性互动下所形成的经济效应，从而彰显了传统文化中所蕴藏的巨大的经济价值。我国传统文化有着厚重的历史积淀，历经几千年的发展变迁所留传下的文化艺术遗产、所凝聚的千年文化底蕴是我国独有的特色文化资源与文化财富，文化艺术、文化产品的创新只有立足于我国特有的传统文化，才能在国际市场上形成抗衡他国的文化竞争优势。20 世纪六七十年代，一些以中国传统文化为母体、以儒学思想为核心构筑文化圈的国家或地区，如日本、韩国、新加坡、中国香港、中国台湾等，在文化发展的同时也实现了经济的快速增长，这在一定程度上也体现了中华传统文化中所蕴藏的巨大的经济价值。因此，进一步弘扬和发展中华传统文化，对于推动我国经济的快速发展意义重大。

再次，传统文化的当代价值表现为政治价值。优秀的传统文化对现代政治文明的建设具有重要的推动作用。文化源于人的创造，每一个时代的文化都是一代人生活的标志和象征，是一个民族各种思想文化、观念形态、价值取向的总体表征。因此，一个时代的文化思想也反映了执政者的治国理念及所推崇的文化观念和价值取向。中华传统文化所推崇的是“仁”“义”“礼”“智”“信”，讲究的是“修身、齐家、治国、平天下”的儒家之道，这也正是我国当代政治文明建设的内在根本与动力之源。中华传统文化中“天下兴亡，匹夫有责”的爱国精神、“自强不息”的进取精神、“以天下为己任”的英雄气魄、团结统一的价值取向等，以及中华民族强大的凝聚力，都是维护我国政权稳定、国家统一的重要支撑。另外，传统文化在外交政治中也起着极大的作用，许多凭借硬实力难以达成的政治目的和外交目的，可凭借文化的桥梁促进两国之间的合作，通过文化产品的输出和文化思想的交流弘扬传统文化，提高传统文化在国外的影响力，从而争夺国际上的话语权。因此，中华传统文化当代价值的另一表现即为政治价值。

最后，传统文化的当代价值还表现为历史价值。悠久而厚重的历史积淀是中国传统文化的基础特征、独特优势，传统文化社会价值、经济价值、政治价值的体现也是建立在中华民族历史文化的传承和延续之上的。中华民族薪火相传的五千年文明，铸就了源远流长的传统文化。中国传统文化的内涵也在历史的锤炼中得到不断丰富和演绎，并最终形成了“天下一统的国家观、人伦和谐的社会观、兼容并蓄的文化观、勤俭耐劳的生活观”等为主要特征的中华优秀传统文化。从世界文化史的发展来看，中国传统文化也是世界最为古老的文化之一，且与世界上任何一种文化相比，中华传统文化都具有更强的连续性，是世界上唯一没有间断过并延续至今的古文化。更为珍贵的是，这种文化的连续性并不是一成不变的传承延续，而是在传统的基础上不断创新，形成了一个自我更新、不断发展，又不失兼容并蓄的开放体系。中华传统文化是东方文化的典型代表，有着厚重的历史底蕴、独特的价值体系。它不仅是中华民族珍贵的文化宝藏，也是人类文明史上的文化瑰宝，其历久弥新的历史价值同样是世界文化史的宝贵财富，对丰富和推动世界文化发展意义重大。

（2）以创新推动区域文化供给侧改革。

自 2015 年 11 月起，“供给侧改革”一词频繁出现在人们的视野之中，成为新时期中国经济发展的新风向、主战略。供给侧改革是应当前我国经济增速下滑、落后产能严重过剩的国情而提出的，即在需求侧拉动已明显乏力的现实下，转而从供给层面发力，通过调整优化供给结构缓解经济社会中的供需矛盾，提高全要素生产率，推动经济结构调整和转型升级。文化产业因其低能耗、高效益的产业特质而成为世界公认的朝阳产业，中华传统文化五千年的历史积淀奠定了我国先天的文化优势，而我国文化市场中却呈现文化产品产能过剩和文化产品有效供给不足的尴尬局面，现有文化产品供给远不能满足居民日益多元化和高端化的文化需求，区域文化产品缺乏特色、高品质文化产品尤为缺乏。可见，文化供给侧结构性改革是我国区域文化发展的必然要求，是缓解文化市场供需不平衡的根本选择。就如何有效实现我国区域传统文化的供给侧改革问题，从文化供给现状来看，中华传统文化博大精深、源远流长，浓缩着的是中华民族几千年的智慧，而在当今区域文化发展中，我国传统历史文化的优势并没有得到充分的利用和发挥，城市中流传了几千年的民间特色传统文化也多遭遇失传的危机。同时随着世界区域建设进程的不断加快，以及互联网的日趋普及和科技的日新月异，西方文化的强势渗透愈发便捷和凸显，国内区域建设中多有崇尚西化之势，而缺乏城市自身特色，千城一面。“周虽旧邦，其命惟新”。面对新的经济发展形势，针对我国区域文化发展的瓶颈与困境，应以创新作为区域文化供给侧改革的根本核心动力，推动传统文化的创新性发展，激发传统文化新活力、创造新价值，同时为新时期经济发展营造新的经济增长点。具体来看，区域传统文化的创新应从以下六个方面着手。

第一，内容创新。中华传统文化包含着“仁者爱人”的济世精神、“自强不息”的进取精神、“刚柔相济”的坚韧精神、“知行合一”的务实精神、“和而不同”的包容精神、“言必信，行必果”的诚信精神、“国家兴亡，匹夫有责”的爱国精神，等等，这些传统文化精华至今推动着中华民族的发展。但是从历史上来看，中国传统文化形成发展于农耕文明时代，尽管吸收了牧业文化和其他文化的优势，但总体上来看是适应农业社会的，存在一定的历史局限性。因此，在高速发展的工业化、信息化社会，要把传统文化所有的内容完全不加改变地保留下来是不可能的，且违背追求先进文化的本质和初衷。比如传统文化中“三从四德”的女性观，“天不变，道也不变”的自然观，“别尊卑，明贵贱”的贵贱等级观等，这些思想带有时代和提出者阶级地位的烙印，已经不符合时代发展和现代化建设的现实要求。因此，传统文化发展必须要在内容上进行创新，坚持取其精华、去其糟粕、古为今用、推陈出新，按照时代发展特点和现代化建设的要求，对那些至今仍有借鉴价值的传统文化精华赋予其新的时代内涵，实现中华传统文化的创造性转化、创新性发展。

第二，形式创新。习近平同志在主持中共中央政治局第十二次集体学习时曾指出：“要使中华民族最基本的文化基因与当代文化相适应、与现代社会相协调，以人们喜闻乐见、具有广泛参与性的方式推广开来。”传统文化不应只是束之高阁、艰涩难懂的“高雅文化”，如果不能让人民群众听得懂、能接受，中华传统文化就无法在当代有效传承与发展。因此，传统文化必须在形式上进行创新，根据时代的变化和人民群众的欣赏特点，实现表现手法、题材体裁、风格流派的多样化，增强传统文化的通俗性，实现传统文化的现代转换，使传统文化表现形式更加贴近生活、贴近群众、贴近人民，真正赢得群众的认同，达到宣传、教育、引导群众的目的。一些传统文化典籍，如《论语》《孟子》《庄子》等，蕴含了诸多中华伦理文化精华，但很多群众研读起来比较困难。如果专家、学者在传播传统文化时仍照本宣科，将传统文化讲得很理论化，大众听不懂、不接受，可能就根本不听了，起不到任何作用。因此要将传统文化的表达形式进行现代转换，于丹讲《论语》《庄子》等传统文化经典就是形式创新的成功典范，她将典籍中所传达的仁义、诚信、爱人、敬业、和合等传统伦理价值观念与当代实际发展相结合，不仅让人民大众能听懂、能接受，还让人对传统文化感兴趣、想学习。通过表达形式上的创新，把原来只是一些专家在研究的传统文化大众化、草根化，从而唤起普通大众对传统文化前所未有的关注，掀起一股“论语热”“孔学热”，让传统文化在当代散发出了新的活力。同样，一些传统文艺样式在新时代也需要在形式上进行创新。以京剧为例，京剧艺术是我国三大国粹之一，在世界文化艺术宝库中具有重要地位，但随着时代的发展，人民群众的审美发生了巨大变化，京剧已经从传统的“流行文化”成为当代的“小众文化”，京剧受众日趋减少，发展面临困境。因此京剧在当代要想实现复兴，就必须在表达形式上进行创新，使京剧的表现形式顺应时代审美。比如“京歌”就是京剧形式改良创新的一种模式，它是用京剧的唱腔、曲调、程式与现代流行音乐元素融合的流行京剧音乐，一些“京歌”作品如《新贵妃醉酒》《唱脸谱》《故乡是北京》《前门情思大碗茶》等“京歌”将京剧元素与流行音乐元素完美融合，这种形式创新的作品更为符合现代审美，对于推动京剧推广和普及起到了很好的作用。

第三，科技创新。在数字化、信息化时代，传统文化发展必须加上科技创新这一新的动力引擎，“传统文化＋科技创新”模式已成为传统文化发展的必然趋势。首先，要依靠科技创新提高传统文化的表现力，利用电脑特技、LED显示、3D、4D、虚拟现实等数字技术增强传统文化的表现力。利用科技创新提升传统文化表现比较成功的例子是2014年由徐克执导的动作贺岁片《智取威虎山》，这部影片使用了3D特效技术，将传统革命故事与先进科技融合，极大地提升了影片的表现力，不少观众观后大呼过瘾。这部影片在全国席卷了近9亿元票房，实现了口碑与票房的双丰收，充分展示了传统文化与科技创新结合所迸发出的活力。其次，要依靠科技创新提高传统文化的传播力。利用网络、移动等通信技术和传播媒介手段如微信平台、微博平台、短信平台、移动传媒、电视广播平台等，发挥现代传播技术传播速度快、无地域限制、受众面广的优势，建设覆盖面广、层次丰富、双向互动传统文化的传播体系。建立中华传统文化学习网络公共服务平台，利用现代科技手段，开展传统文化数字产品试点和传统文化智慧博物馆试点，让公众足不出户即可轻松游历博物馆，使更多的人可以随时随地地用数码设备欣赏精美艺术与文物，让更多的人学习、了解传统文化瑰宝，同时构建中华传统文化国际交流网络平台，向全世界弘扬中华传统文化，搭建国际文化交流的桥梁，进一步提高我国传统文化的传播力。最后，要依靠科技创新提高传统文化发展的持续力。当前我国诸多传统文化样式诸如唐卡、泥塑、神祇绘像、藏戏等存在文化传承人才断档、传统表演技艺失传的情况，这些传统文化样式有随时消亡的危险。因此，应积极利用数字化等科技手段，将濒临灭绝的传统文化素材资源进行系统的收集、整理，开展各类文化资源数据库、信息库、素材库建设，加强对中华传统文化资源的数字化保护和开发利用。

第四，教育创新。传统文化的当代发展归根到底需要新一代青少年对传统文化的传承发展，学校教育在促进青少年学习传承传统文化方面具有十分重要的地位。但目前我国学校教育在传统文化传承方面没有起到应当发挥的作用，传统文化教育存在诸多问题，比如：学校教育中传统文化的内容相对缺乏；传统文化知识在考试等环节中基本不涉及；教育模式基本上停留在书本教育，相关教育活动开展较少。因此，应进一步创新传统文化教育体系，完善传统文化课程，丰富传统文化教学内容，使中华优秀传统文化成为小学、中学、大学的重要课程，将传统文化知识纳入考试范围。根据青少年学习能力发展规律，编写适用于学前教育、小学教育、中学教育、大学教育的教学材料，根据发展形势更新教学内容，使教学内容更容易被青少年所接受，充分发挥传统文化精华“文以育人，文以化人”的作用。积极创新传统文化教育模式，开展丰富多样、健康有益的传统文化活动，让传统文化不仅停留在书本上。增加传统文化的鲜活性、趣味性，让孩子们在快乐中学习传统文化，通过“快乐学习”增加对传统文化的兴趣。比如，通过开展“我们的节日”民俗节日活动，采用传统文化故事比赛、民俗电影展览、民俗博物馆文化馆观摩、典籍诵读等形式，把教育活动办成文化节、爱国节、道德节，让孩子们在活动中充分领略传统节日包含的深层文化内涵，如春节之喜庆、元宵之团圆、清明之缅怀、重阳之敬老，培养孩子们对民族传统文化的认同感，增强其对民族传统文化的热爱，切实做好青少年的传统文化教育。

第五，学术创新。学术创新是最深层次的创新，是一个民族创新力最本质的表现，是传统文化创新性发展的基础和前提。远古时期的伏羲依照“河图”的启示而演化成八卦，后来经过周文王父子的创新演绎，形成了中国自古以来沿用至今的“易经”思维，铸造了中华民族深层次的国民基因。西汉时期的司马迁以巨大的学术创新精神，综合前代史书中的各种体例，创立了纪传体的通史，开创了我国的史学思维，对我国学术创新发展起到了极大的推动作用。从历史上看，我国学术创新比较繁荣的时代有两个，一个是春秋战国时期，另一个是唐朝。在春秋战国时期，当时学术言论民主、不分贵贱的文化氛围，极大地推进了我国学术创新的发展，形成了儒家、道家、墨家、法家等不同的学派，对中国文化的发展有着举足轻重的影响；在唐代，当时的统治者对于文化创新有着极大的包容精神，使得这一时期的学术创新达到巅峰，李白、杜甫、颜真卿、柳公权、阎立本、吴道子等文化巨人在这一时期将各自领域的创新推到了后人难以企及的高度，成为中华民族永恒的文化记忆。因此，在当代，促进传统文化学术创新要营造有利于学术创新的氛围，在学术界形成包容、平等、开放的学术研究氛围，坚持“百花齐放、百家争鸣”，促进文化的学术创新。

第六，产业创新。我国是四大文明古国中唯一文化得以完整保存、延续至今的国家。历史文化积淀之深厚，传统文化资源之丰富，在全世界都屈指可数，这些都是文化产业发展的重要资源。但从现实来看，由于我国传统文化的产业创新不足，丰富的历史文化资源还未能转化成文化产业优势。以动漫产业为例，由于对于本土文化挖掘不足，我国国产动漫创意水平较低，动漫作品缺乏鲜明的民族特点，我国的传统文化资源频频被国外动漫产业再创新获得巨大的成功。比如“功夫”“熊猫”都是中国的历史文化资源元素，但这些资源在中国仅仅被用于旅游开发，而美国好莱坞团队充分利用这些文化元素打造了美国版《功夫熊猫》系列动漫，这一系列动漫作品获得了40亿元人民币的票房和良好的口碑。《花木兰》等中国故事也被美国制作成动漫作品搬上荧屏，获得票房和口碑的双丰收。美国国家历史较短，历史文化资源不多，但美国却是全球文化产业的霸主，占据全世界56%的广播和有线电视收入、85%的收费电视收入和55%的电影票房收入。中国拥有丰富的文化宝藏，悠久的文明蕴含着无数动人的故事，但传统文化资源丰富的中国在全球的文化产业格局中处于低端位置，究其原因是由于我国文化产业对于自身文化再创新和再利用不够充分，导致我国文化产业在国际的竞争力不强、影响力不大。中华优秀传统文化是文化产业发展的重要基石，文化产业发展应坚持古为今用、创新发展的理念，通过对我国优秀传统文化资源进行深度挖掘与积极创新，推动传统文化与电影、动漫、旅游、休闲等产业融合发展，以产业创新为杠杆，促进传统文化释放巨大能量。

因此，中华传统文化作为中华民族的“根”和“魂”，是实现民族复兴与中国梦的文化根基，是区域创新发展的根本动力。在新的时代背景下，实现传统文化创新性的发展，需要通过传统文化内容创新、形式创新、科技创新、教育创新、学术创新、产业创新的相互协调配置，从而破解当代传统文化发展困局，使传统文化焕发出新的风采。

2. 文化发展的政策演进及成效

在经济体制改革和国家文化建设过程中，我国制定了一系列文化政策以推进文化发展，并取得了显著的成效。根据历史演进过程，文化政策可划分为以下四个发展阶段。

第一个阶段为1979—1988年，是文化发展的初级阶段。在这一时期，文化发展实现了由“文化从属于政治”向“文化为人民服务”的重大转变，此时的文化产业尚处于初级发展的萌芽阶段，文化市场建设刚刚起步，还很不成熟。

1979年10月，邓小平同志在中国文学艺术工作者第四次代表大会上的祝辞中提出“文艺为人民服务、为社会主义服务”的方针思想，之后“两为”方针成为社会主义文化建设的一项根本政策。这一方针的提出改变了之前“文艺从属于政治”所衍生的“文艺为政治服务”的文化政策走向，国家关于文化建设的指导思想和基本政策开始转向，中国文化事业出现了复苏和空前繁荣。1985年4月，在国务院办公厅批转的国家统计局《关于建立第三产业的统计报告》中，文化艺术被纳入了第三产业的范畴，文化第一次在国民经济和社会发展指标体系中获得了“产业”的身份，以营业性舞会和音乐茶座为发端的文化市场开始日益活跃。1987年2月，文化部、财政部、国家工商管理局颁发《文化事业单位开展有偿服务和经营活动的暂行办法》，承认了文化事业单位开展有偿服务和经营活动的合法性，进一步推动文化市场繁荣发展。1988年2月，文化部、国家工商总局联合发布了《关于加强文化市场管理工作的通知》，这是在政府文件中首次出现“文化市场”的概念，这份文件对于文化发展是一个里程碑式的文件，中国“文化市场”的地位正式得到承认。该文件对文化市场的管理范围、任务、原则和方针都进行了界定，改变了文化市场管理无章可循的局面。1989年，国务院批准在文化部设置文化市场管理局，全国文化市场管理体系开始建立。

第二个阶段为1989—2001年，是中国文化市场全面推进的阶段。在这一时期，国家逐步认识到文化产业的重要性，文化经济政策的基本取向进一步表现为引导、培育、规范。

1991年，国务院批转的《文化部关于文化事业若干经济政策意见的报告》中，“文化经济”的概念正式被提出。1992年，中共中央、国务院发布了《关于加快发展第三产业的决定》，正式提出了要以产业化为方向，加快发展包括文化生产在内的第三产业，促进文化单位由单纯的财政消费部门转为生产型部门。同年10月，江泽民同志在《在中国共产党第十四次全国代表大会上的讲话》中提出：“积极推进文化体制改革，完善文化事业的有关经济政策，繁荣社会主义文化。”在这一宏观背景下，中国文化体制改革的步伐明显加快，开始从“直接管理”向“间接管理”、从“办文化”向“管文化”转变。1998年8月，文化部文化产业司成立并制定工作规则，这是政府部门第一次设立文化产业专门管理机构，标志着政府开始重视文化产业在社会主义市场经济中的作用。2000年10月，党的十五届五中全会通过的《中共中央关于制定国民经济和社会发展第十个五年计划的建议》中，第一次提出“文化产业政策”这一概念，文化产业的合法性被确立，文化产业从理论层面上升到国家发展规划和政策层面。该建议提出：“完善文化产业政策，加强文化市场建设和管理，推动有关文化产业的发展。”文化产业政策概念的提出，标志着政府部门开始有意识地运用文化产业政策推动文化产业发展，标志着我国对于文化产业的承认和对其地位的认可，这对于文化体制改革起着非常重要的作用。同年12月，国务院颁布了《关于支持文化事业发展若干经济政策的通知》，系统性地提出了支持文化产业发展的财政、税收和金融政策，极大地调动了各方面发展文化产业的积极性。

第三个阶段为2002—2008年，这一时期中国文化产业迎来了大力发展。我国加入 WTO 和十六大开启了文化市场发展的新时期，中国文化产业发展进入了发展的快车道，国家文化软实力建设在国际化竞争中扮演越来越重要的角色。在这一阶段，国家的文化经济及文化产业政策重心是深化文化体制改革，调整文化产业结构，注重文化产业的开拓创新。

2002 年，党的十六大报告中提出要把文化事业和文化产业从概念上明确地区分开，并提出“文化产业是市场经济条件下繁荣社会主义文化、满足人民群众精神文化需求的重要途径；要完善文化产业政策，支持文化产业发展，增强我国文化产业的整体实力和竞争力”，进一步明晰文化产业发展方向。2003 年 9 月，文化部发布的《文化部关于支持和促进文化产业发展的若干意见》中指出，要在大力繁荣文化事业的同时积极发展文化产业。同时提出，在新时期我国文化产业的发展目标是在国家宏观调控下，进一步发挥市场机制在文化资源配置上的基础性作用；形成一批实力雄厚、竞争力强的文化企业和有影响的文化品牌，建立一定规模的现代化文化产品生产、服务和销售网络，文化产业整体实力和竞争力明显增强，在国际市场上占有一定份额；文化产业增长速度明显高于国民经济增长速度，文化消费在日常消费中所占的比例明显提高；到 2010 年，形成比较完备的有利于文化产业发展的政策法规体系，形成比较发达的文化产品生产体系以及统一开放、竞争有序的文化市场体系，使文化产业成为国民经济的支柱产业和新的增长点，进一步促进文化市场繁荣壮大，文化产业健康发展。2003 年 10 月，十六届三中全会通过的《中共中央关于完善社会主义市场经济体制若干问题的决定》进一步确认了文化产业的战略地位，国家开始将文化产业列入国民经济的重要产业，纳入国民经济发展总体规划；指出要切实转变文化行政管理部门的职能，促进文化事业和文化产业协调发展；进一步强调深化文化体制改革，完善文化产业政策，促进各类文化产业共同发展，增强文化产业的整体实力和国际竞争力。2003 年 11 月，十六届三中全会通过的《完善社会主义市场经济体制若干问题的决议》，开始把文化产业列入国民经济的重要产业，纳入国民经济总体规划，文化产业的战略地位得到了进一步确立。

2004 年 4 月和 2005 年 1 月，国家统计局发布了《文化及相关产业分类》和《文化及相关产业分类统计指标体系》，这两个文件不仅对文化产业进行详细定义，同时对我国现行的文化产业进行了行业划分，完成了对文化产业形态的统计学划分，它第一次使得文化的生产以及其所形成的产业体系成为重建国家产业政策的标准。2006 年 9 月，中共中央办公厅、国务院办公厅印发了《国家“十一五”时期文化发展规划纲要》，这是我国第一个专门部署文化建设的中长期规划。该纲要提出要进一步发展重点文化产业，进一步优化文化产业布局和结构、转变文化产业增长方式，积极培育文化市场主体、健全各类文化市场，发展现代文化产品流通组织和流通方式。2007 年，党的十七大报告中作出了“推动社会主义文化大发展大繁荣”的重大部署，前所未有地将文化提升到国家战略这一新高度，极为深刻地提出文化所具有的战略地位及其重要作用，第一次向全党和全国各族人民发出了兴起社会主义文化建设新高潮的响亮号召，第一次提出提高国家文化软实力的新观点，第一次提出维护和保障人民基本文化权益、让人民共享文化成果等新思想。2008 年 1 月，胡锦涛同志在同全国宣传思想工作会议代表座谈时强调，只有把握时代脉搏、反映时代精神、贴近现实生活、引领人民思想的文化，才能始终赢得人民，才能始终成为社会进步的先导。要立足中国特色社会主义伟大实践，从波澜壮阔的现实生活中汲取养分，准确把握人民精神文化需要的新变化，深入把握新形势下宣传思想工作的特点和规律，改进宣传思想工作的领导方式、组织方式、工作方式、管理方式，形成鼓励创新创造的法制保障、政策体系、激励机制，充分运用先进技术手段丰富文化的生产方式和表现形式，极大丰富文化品种、样式、载体、风格，让一切创造活力竞相迸发，让一切创新才华充分施展，让一切创新成果得到尊重，努力使精神文化产品和社会文化生活更加丰富多彩。

第四个阶段为 2009 年至今，文化产业迎来了全面发展的黄金时期，“文化+”的时代也随之到来。在这一时期，文化产业对经济增长的重要贡献得到了国家的高度重视，将大力发展文化产业纳入国家的发展战略，并大力推动文化产业与其他产业的融合发展，在拓展文化产业发展空间的同时，充分发挥文化产业对其他产业发展的带动作用，实现文化产业与相关产业的协调发展。

2009 年 9 月，国务院颁布了《文化产业振兴规划》，该规划明确提出着力做好发展重点文化产业、实施重大项目带动战略、培育骨干文化企业、加快文化产业园区和基地建设、扩大文化消费、建设现代文化市场体系、发展新兴文化业态、扩大对外贸易八个方面的重点任务，该规划的提出标志着国家已经把发展文化产业提升为一项国家战略，极大地促进了文化产业的发展。

2010 年 4 月，央行、财政部、文化部、中宣部、银监会、证监会、保监会、新闻出版总署、广电总局九部委联合下发《关于金融支持文化产业振兴和发展繁荣的指导意见》，这是新中国成立以来金融支持文化产业发展的第一个全面性、政策性的文件，进一步拓宽文化产业投融资渠道，是充分发挥金融系统支持文化产业发展作用，贯彻落实党中央、国务院文化产业发展振兴的具体举措。2010 年 7 月，中共中央政治局就深化我国文化体制改革研究问题进行第二十二次集体学习。胡锦涛同志在主持学习时强调，深入推进文化体制改革，促进文化事业全面繁荣和文化产业快速发展，关系全面建设小康社会奋斗目标的实现，关系中国特色社会主义事业总体布局，关系中华民族伟大复兴。我们一定要从战略高度深刻认识文化的重要地位和作用，以高度的责任感和紧迫感，顺应时代发展要求，深入推进文化体制改革，推动社会主义文化大发展大繁荣。文化是民族凝聚力和创造力的重要源泉，是综合国力竞争的重要因素，是经济社会发展的重要支撑。深化文化体制改革，是党中央作出的关系我国经济社会发展全局的重大决策。2010 年 10 月，中共十七届五中全会再次提出要推动文化大发展大繁荣、提升国家文化软实力，坚持社会主义先进文化前进方向，提高全民族文明素质，推进文化创新，深化文化体制改革，增强文化发展活力，繁荣发展文化事业和文化产业，满足人民群众不断增长的精神文化需求，基本建成公共文化服务体系，推动文化产业成为国民经济支柱产业。由此可见，文化产业在我国国民经济中的地位又得到了新的提升。

2011 年 3 月 16 日，《中华人民共和国国民经济和社会发展第十二个五年规划纲要》发布，文件中提出“加快发展文化产业”“推动文化产业成为国民经济支柱性产业，增强文化产业整体实力和竞争力”。文化产业在社会发展和国民经济中的战略地位进一步凸显，成为新的支柱性产业。2011 年 10 月，中共十七届六中全会审议通过《中共中央关于深化文化体制改革推动社会主义文化大发展大繁荣若干重大问题的决定》，全会进一步确立了文化建设在中国特色社会主义事业总体布局中的战略定位，进一步强调了我们党在中国特色社会主义文化建设中的责任担当，提出了建设社会主义文化强国的总体目标，明确了当前和今后一个时期文化改革发展的具体任务。该决定中指出：文化是民族的血脉和灵魂，是人民的精神家园，是国家发展的重要支撑。我国文化的改革发展，显著提高了全民族思想道德素质和科学文化素质、促进了人的全面发展，显著增强了国家文化软实力，为坚持和发展中国特色社会主义提供了强大精神力量。该决定全面部署了深化文化体制改革、推动社会主义文化大发展大繁荣的各项工作，发出了进一步兴起社会主义文化建设新高潮的动员令，对于实现中华民族伟大复兴具有重要意义。

2012 年 2 月，文化部印发《文化部“十二五”时期文化产业倍增计划》，该计划进一步肯定文化产业的重要战略地位，认为“文化产业是社会主义市场经济条件下满足人民多样化精神文化需求的重要途径，是促进社会主义文化大发展大繁荣的重要载体，是国民经济中具有先导性、战略性和支柱性的新兴朝阳产业，是推动中华文化走出去的主导力量，是推动经济结构战略性调整的重要支点和转变经济发展方式的重要着力点”。该规划总结了今后一个时期文化产业发展的 10 项工作重点，包括培育壮大市场主体、转变文化产业发展方式、优化文化产业布局、加强文化产品创作生产的引导、扩大文化消费、推进文化科技创新、实施重大项目带动战略、健全投融资体系、强化人才支撑和推动文化产业“走出去”。2012 年 7 月，文化部以部令的形式发布了《文化统计管理办法》，该办法是进一步推进文化统计工作法制化规范化的重要举措。该办法的实施将为我国文化统计工作提供强有力的制度保障，有助于进一步规范文化统计工作，提高文化统计数据质量。

2014 年，文化产业发展政策的重点集中在促进文化融合发展、提高文化产业的发展水平，政府先后发布了多条政策文件，引导和支持文化与其他产业的有效融合。如 2014 年 3 月，文化部发布了《关于贯彻落实〈国务院关于推进文化创意和设计服务与相关产业融合发展的若干意见〉的实施意见》，该文件的出台，旨在提高文化产业创意水平和整体实力，推动文化创意和设计服务与相关产业深度融合，标志着文化创意和设计服务与相关产业融合发展已经成为国家战略。该文件中明确提出，各级文化行政部门要主动把文化产业融入经济社会发展全局，认真研判、准确把握产业融合发展新趋势，打破部门行业区域藩篱，创新理念方式手段，抓好政策措施落实，在切实提升文化产业的创意水平和整体实力的基础上，更加积极主动地发挥文化创意和设计服务对相关产业发展的支持作用，以文化提升相关产业产品和服务的附加值，以融合发展拓展文化产业发展空间，实现文化产业与相关产业相互促进、共同发展。随后，文化部、中国人民银行、财政部又联合印发了《关于深入推进文化金融合作的意见》，该文件总结了近年来文化金融合作的经验与成果，结合当前金融改革和文化产业发展的新趋势，从认识推进文化金融合作重要意义、创新文化金融体制机制、创新文化金融产品及服务、加强组织实施与配套保障这四个方面提出了深入推进文化金融合作的要求，对于建立文化金融合作部际会商机制、完善文化金融中介服务体系、推进文化金融在重点领域的实施、重视金融支持小微文化企业发展、创新文化金融服务组织形式、创新符合文化产业发展需求的金融产品与服务、创新文化资产管理方式等问题作出了部署和指引。同年出台的关于推动文化产业发展的较为重要的相关政策文件还有：《〈关于深入推进文化金融合作的意见〉解读》、《关于贯彻落实〈2014 年文化系统体制改革工作要点〉及其〈分工实施方案〉的通知》、文化部办公厅《关于修订印发〈国家文化产业示范基地管理办法〉的通知》、《关于推动 2014 年度文化金融合作有关事项的通知》等。

2015 年，文化发展的政策重点放在了提高公共文化服务建设、规范文化市场管理上。2015 年 5 月，国务院办公厅转发文化部等部门《关于做好政府向社会力量购买公共文化服务工作意见》的通知，该文件指出，到 2020 年，在全国基本建立比较完善的政府向社会力量购买公共文化服务体系，形成与经济社会发展水平相适应、与人民群众精神文化和体育健身需求相符合的公共文化资源配置机制和供给机制，社会力量参与和提供公共文化服务的氛围更加浓厚，公共文化服务内容日益丰富，公共文化服务质量和效率显著提高。2015 年 7 月，国务院办公厅印发《关于支持戏曲传承发展若干政策》的通知，主要内容包括加强戏曲保护与传承、支持戏曲剧本创作、支持戏曲演出、改善戏曲生产条件、支持戏曲艺术表演团体发展、完善戏曲人才培养和保障机制、加大戏曲普及和宣传、加强组织领导。2015 年 10 月，国务院办公厅又印发了《关于推进基层综合性文化服务中心建设的指导意见》，该文件的主要内容包括：加强基层综合性文化服务中心建设，明确功能定位，创新基层公共文化运行管理机制，加强组织实施。

2017 年 4 月 19 日，文化部正式发布了《文化部“十三五”时期文化产业发展规划》（以下简称《规划》），《规划》确定了促进结构优化升级、优化发展布局、培育壮大各类市场主体、扩大有效供给、扩大和引导文化消费、健全投融资体系、加强科技创新与转化、完善现代文化市场体系、深度融入国际分工合作 9 个方面的主要任务，重点发展演艺、娱乐、动漫、游戏、创意设计、网络文化、文化旅游、艺术品、工艺美术、文化会展、文化装备制造 11 个行业，明确了创新体制机制、推进法治建设、完善经济政策、强化人才支撑、优化公共服务、加强统计应用、抓好组织实施 7 项保障措施，要求各地立足地方实际，把握产业发展规律，突出地方特色，加强沟通协调，确保各项任务措施落到实处。

2017 年 5 月 7 日，中共中央办公厅、国务院办公厅印发了《国家“十三五”时期文化发展改革规划纲要》，《纲要》规定了“十三五”时期文化发展改革的各项任务，从公民文化素质、创作生产、文化产业、文化市场、公共文化、文化传播、文化遗产保护、文化开放和文化管理等方面，规划设立了系列建设目标。这些工作目标任务都与文化小康建设的内涵相对应，并形成“十三五”文化小康建设的具体实现路径。在公民基本文化权益实现的意义上，“十三五”文化小康建设体现了保障基本文化权利均等化实现的国家意志；从文化行业贯彻落实“五位一体”“四个全面”战略的宏观意义上，文化小康的运行和发展“使得全面小康社会得以传递和承续”；文化小康社会建设体现了文化行业对国家现代化进程要求的全面回应，以文化的繁荣为全面小康社会建设提供精神力量，提供作为民族前进号角的精神文化旗帜。

3. 区域文化产业迅猛发展及融合之势

（1）文化产业高速增长的态势。

近年来，在国民不断增长的文化需求刺激下，在国家文化发展的政策推动下，我国区域文化产业取得快速发展，全国文化产业的增加值、对经济增长的贡献率都保持了高速的增长。根据三次全国经济普查数据和国家统计局发布的《文化及相关产业分类》(2012 修订版),我们从中筛选出文化及相关产业进行了研究。由于我国区域层面文化及相关产业增加值等数据的统计尚不完善,受数据可得的限制,现主要基于全国层面进行分析,相关数据整理如表 1-1 所示。

表 1-1　2004 年、2008 年、2013—2015 年我国文化及相关产业基本情况统计表

年份	法人单位数(万家)	从业人员(万人)	资产总计(亿元)	主营收入(亿元)
2004	31.79	873.26	18 317	16 225
2008	46.08	1 008.2	27 487	26 802
2013	91.85	1 760	103 407	82 611
2014	99.62	1 917	121 032	101 480
2015	114.03	2 073	138 656	120 349

数据来源:国家统计局社会科技和文化产业统计司,中宣部文化体制改革和发展办公室. 中国文化及相关产业统计年鉴 2016. 北京:中国统计出版社,2017.

从表中可以看出,2004 年我国文化产业法人单位 31.8 万家,从业人员 873 万人,资产总额 1.8 万亿元,主营收入为 1.6 万亿元。截至 2015 年,法人单位达到 114 万家,增加了近 3 倍,从业人员达到2 073 万人,增长 137.5%,资产总额达到 13.9 万亿元,增加了 6.6 倍,主营收入达到 12 万亿元。11 年间,文化产业各项指标年均增速均超过整个国民经济的发展速度,整体呈现迅速发展的态势。从所有制的类型来看,我国区域中文化及相关产业以非国有或集体企业为主,民营及外资企业的广泛介入,为我国文化产业发展注入无限活力。

从近十年文化产业的总体发展现状来看(见表 1-2、图 1-1),2005 年文化及相关产业增加值仅有 4 253 亿元,占 GDP 的比重为 2.3%,同比增长率 37.1%;2015 年,文化及相关产业增加值突破 2.7 万亿元,占 GDP 的比重增加至 4.0%,尽管同比增长率与 2005 年相比则有所降低,下降到 11.0%,但十年间文化产业增加值年均增长率达到 20.3%,远高于同期 GDP 增长速度。从 2010 年起,我国文化产业增加值突破 1 万亿元,达到 11 052 亿元,虽然此后增速较前期有所减缓,但 2010 年以后的年均增长量超过 2 000 亿元,远高于 2010 年之前千亿元的年均增量。从占 GDP 的比重来看,2005—2015 年,文化及相关产业增加值占 GDP 的比重呈上升之势,2005 年所占比重仅为 2.3%,2015 年则上升至 4.0%。可见,文化产业对经济增长的贡献率也在逐年提升,在国民经济发展中的重要地位日益凸显。但与世界文化产业发展现状相比,我国文化产业发展水平还存在一定的差距,以 2013 年为例,美国文化产业增加值占 GDP 的比重达到 11.25%,这一比例远高于同年我国文化产业对 GDP 的 3.7%的贡献率。

表 1-2　　2005—2015 年我国文化及相关产业增加值及增长率　　单位：亿元、%

年份	增加值	增长率	占 GDP 比重
2005	4 253	37.1	2.3
2006	5 123	20.5	2.4
2007	6 455	26.0	2.4
2008	7 630	18.2	2.4
2009	8 786	22.6	2.5
2010	11 052	25.8	2.8
2011	13 479	22.0	2.9
2012	18 071	16.5	3.5
2013	21 870	11.1	3.7
2014	24 538	12.2	3.8
2015	27 235	11.0	4.0

数据来源：国家统计局社会科技和文化产业统计司，中宣部文化体制改革和发展办公室．中国文化及相关产业统计年鉴 2016．北京：中国统计出版社，2017.

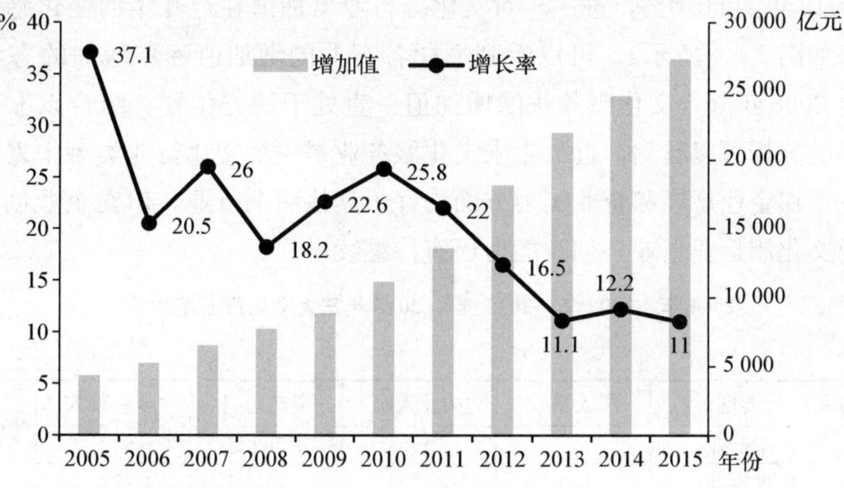

图 1-1　2005—2015 年我国文化及相关产业增加值、增长率变化趋势

我国文化产业分行业发展情况相关数据见表 1-3、图 1-2 至图 1-4。根据国家统计局的界定标准，文化及相关产业包含文化制造业、文化批发和零售业（以下简称文化批零业）以及文化服务业三个行业大类。其中，文化服务业是文化产业的主体部分，且近年来行业规模仍呈现不断扩大之势。从表 1-3 及图 1-2 可以看到，三个文化分行业中文化服务业的企业数量是最多的，且远超过文化制造业和文化批零业，至 2015 年，我国文化服务业企业数占文化产业企业总量比重达到 67.65%，超过文化企业总量的 2/3。再从图 1-3 中文化企业其他发展指标的比较来看，在企业从业人数方面，2004 年和 2008 年均是文化制造业从业人数的占比最高，总体比

重均超过 50%，且明显高于其他两个行业，而 2015 年文化服务业实现反超，从业人数占高出于文化制造业 111.1 万人，分别达到 48.5%和 43.1%，文化批零业的从业人数也从 2004 年的 71.5 万人增长至 171.2 万人；在资产规模方面，文化制造业的资产总额占比越来越低，到 2015 年已经明显低于文化服务业，文化批零业的资产总额则一直处于最低位，且同比不断下降。与二者表现不同的是文化服务业资产总额呈现明显的不断增加之势，2008 年已超过文化企业资产总额的一半以上，2015 年占比已达到 55.5%；从企业创收的水平来看，文化产业三个行业类型中，文化制造业的营业收入明显高于文化批零业和文化服务业，在文化产业营业总收入中的比重超过 50%，且近十年表现稳定，没有出现大的波动；在行业增加值上，文化制造业与文化服务业是文化产业增加值的主要贡献者，二者合计占比超过 80%，其中文化制造业增加值占比有下降趋势，从 2004 年的 48.6%下降到 2015 年的 40.5%，而文化服务业增加值的总体占比水平则在不断上升，从 2004 年的 40.7%上升到 2015 年的 50.0%，进一步对文化分行业增加值在近几年的变化趋势进行分析（结果如图 1－4 所示），可以看到文化各行业的增加值逐年增加的态势十分明显，且自 2008 年起，文化服务业的增加值一直处于领先位置。结合以上各项文化发展指标的分析可以看到，近七年来文化服务业是三个文化行业类型中发展最为迅猛的行业，在企业规模和企业实力方面均好于其他两个行业，但在企业创收水平上仍远不及文化制造业企业，创收能力还有待继续增强。

表 1－3　　2004 年、2008 年、2013 年和 2015 年三大文化行业基本情况

单位：万个、万人、亿元

年份及行业类型		法人单位	从业人员	资产总计	营业收入	增加值
2004	文化制造业	6.9	500.3	7 862.6	8 911.2	1 480.7
	文化批零业	5.1	71.5	2 778.2	4 227	327.8
	文化服务业	19.8	301.5	7 675.9	3 423.3	1 241
2008	文化制造业	8.9	508.1	10 438.2	14 477.6	2 944.8
	文化批零业	5.5	63.6	3 177.4	4 504.1	526.7
	文化服务业	31.7	436.5	13 870.9	8 262.6	3 639
2013	文化制造业	16.25	805.5	32 478.1	43 501.9	9 418
	文化批零业	13.99	146.1	12 290	18 479.6	2 146
	文化服务业	61.61	808.4	50 654	21 762	10 307
2015	文化制造业	19.16	895.4	44 512.8	61 876.3	11 053
	文化批零业	17.73	171.2	17 102.5	25 648.5	2 542
	文化服务业	77.14	1 006.5	77 040.9	32 824.6	13 640

数据来源：国家统计局社会科技和文化产业统计司，中宣部文化体制改革和发展办公室．中国文化及相关产业统计年鉴 2016．北京：中国统计出版社，2017.

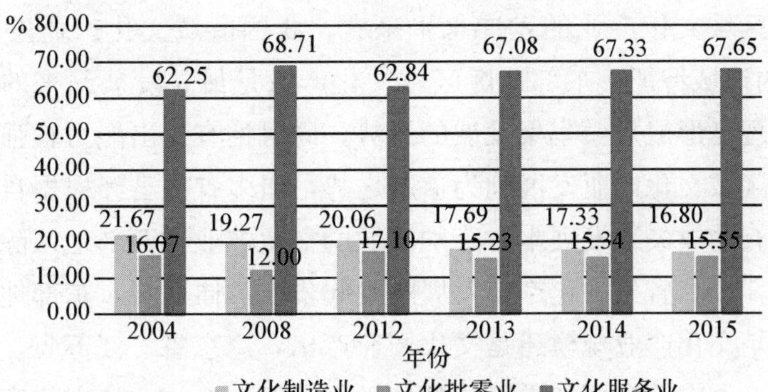

图 1-2 我国文化及相关产业法人单位数的分行业构成

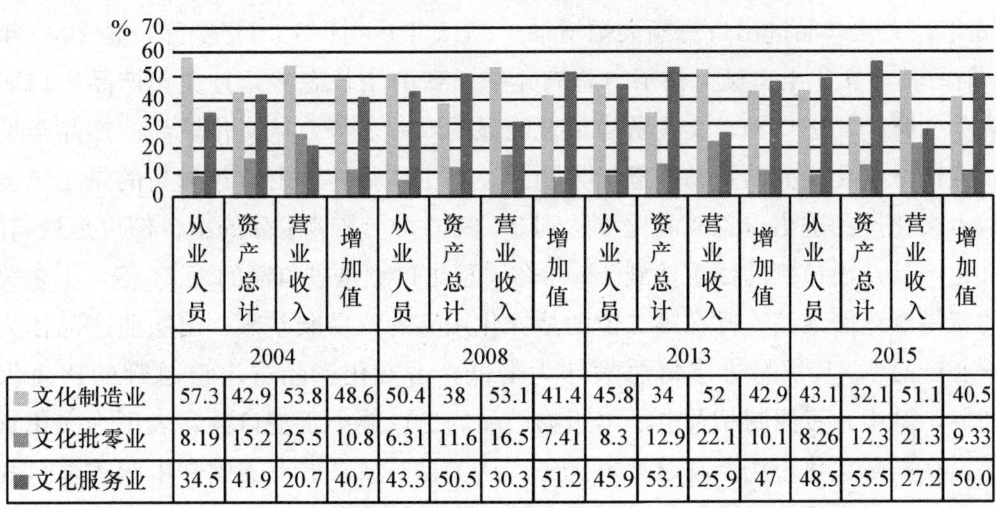

	2004 从业人员	2004 资产总计	2004 营业收入	2004 增加值	2008 从业人员	2008 资产总计	2008 营业收入	2008 增加值	2013 从业人员	2013 资产总计	2013 营业收入	2013 增加值	2015 从业人员	2015 资产总计	2015 营业收入	2015 增加值
文化制造业	57.3	42.9	53.8	48.6	50.4	38	53.1	41.4	45.8	34	52	42.9	43.1	32.1	51.1	40.5
文化批零业	8.19	15.2	25.5	10.8	6.31	11.6	16.5	7.41	8.3	12.9	22.1	10.1	8.26	12.3	21.3	9.33
文化服务业	34.5	41.9	20.7	40.7	43.3	50.5	30.3	51.2	45.9	53.1	25.9	47	48.5	55.5	27.2	50.0

图 1-3 我国文化及相关产业各项指标的分行业构成

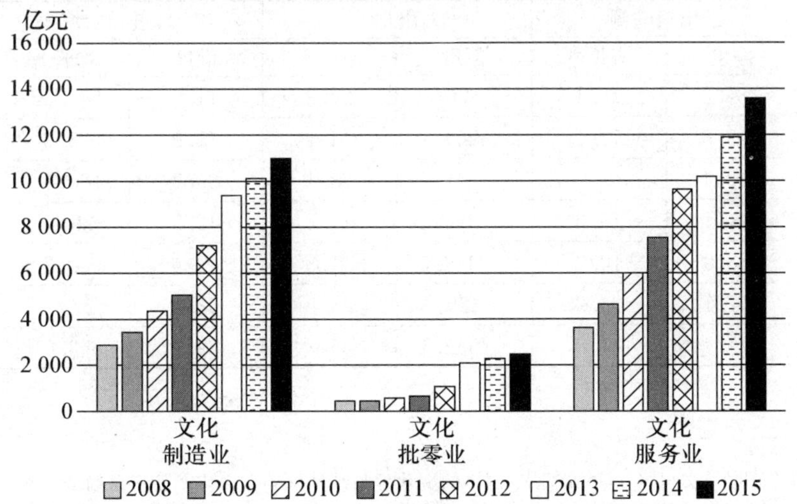

图 1-4 2008—2015 年我国文化分行业增加值

进一步从区域文化产业的发展水平来看，我国区域文化产业发展具有明显的“东高西低”的地域特征。东部地区区域文化产业是最先发展起来的，借助政府较大的扶持力度现已形成规模集聚发展的态势，同时拥有支出能力较强的文化消费市场。中部地区区域文化产业发展则为追赶之势，诸多省份已经根据自身文化资源优势因地制宜、有的放矢地发展本省个别区域的文化产业。西部地区除了四川、陕西等个别省份外，多数省份文化产业发展刚刚起步。具体来看，东部地区文化产业全面发展，无论是文化产业规模还是文化产业产出，广东省、江苏省、浙江省、山东省、北京市和上海市等东部省份区域都处于绝对领先地位。从文化产品对外贸易的现状来看（相关数据详见表1-4、图1-5、表1-5），在整体发展水平上，2005—2015年，文化产品进出口总额大幅增加，2015年达到1 013.1亿美元，是2005年的5.4倍，其中文化出口额保持了与总额几乎一致的增长态势，且文化产品出口额明显高于文化产品进口额，文化贸易呈现明显的顺差之势。从文化贸易的产品类型来看，大部分文化商品的贸易差额均为顺差。其中，贸易进出口额最高的是工艺美术品，占文化产品进出口总额的比重达到38.68%，工艺美术品的出口额也是最高的，占文化产品总出口额的比重达到42.93%，且出口额是进口额的近21倍，工艺美术品的贸易顺差额最高，排在第二位的是文化用品的贸易顺差额；出版业产品作为文化核心产品①，其贸易进出口总额却为最低，占文化产品进出口总额的比重仅为4.68%，其中，音像制品及电子出版物产品的出口额小于进口额，表现为文化贸易逆差，在国际文化市场上缺乏竞争优势。从贸易对象来看，美国和中国香港是我国最主要的出口市场，日本和韩国仍是我国最主要的进口市场。

表1-4　2005—2015年文化产品进出口情况　单位：亿美元、%

年份	进出口总额		出口		进口		贸易差额
	额度	增长率	额度	增长率	额度	增长率	
2005	187.2	26.4	176	27.8	11.2	7.2	164.7
2006	213.6	14.1	201.7	14.6	11.9	5.8	189.8
2007	382.4	79	349.2	73.1	33.2	180.1	315.9
2008	433	13.2	390.5	11.8	42.5	28	348
2009	388.9	—10.2	346.5	—11.3	42.4	—0.2	304.1
2010	487.1	25.2	429	23.8	58.1	37	370.8
2011	671.4	37.8	582.1	35.7	89.3	53.6	492.9

① 依据联合国教科文组织（UNESCO）制订的文化贸易统计框架，文化产品贸易划分为核心层和相关层两个层次。核心文化产品的具体范围包括文化遗产、印刷品、声像制品、视觉艺术品、视听媒介和其他六个类别。

续前表

年份	进出口总额		出口		进口		贸易差额
	额度	增长率	额度	增长率	额度	增长率	
2012	887.5	32.2	766.5	31.7	121	35.6	645.5
2013	1 070.8	20.6	898.6	17.2	172.2	42.3	726.4
2014	1 273.7	19	1 118.3	24.5	155.4	−9.8	962.9
2015	1013.1	−20.05	871.2	−22.1	141.9	−8.7	729.3

数据来源：国家统计局社会科技和文化产业统计司，中宣部文化体制改革和发展办公室．中国文化及相关产业统计年鉴 2016．北京：中国统计出版社，2017.

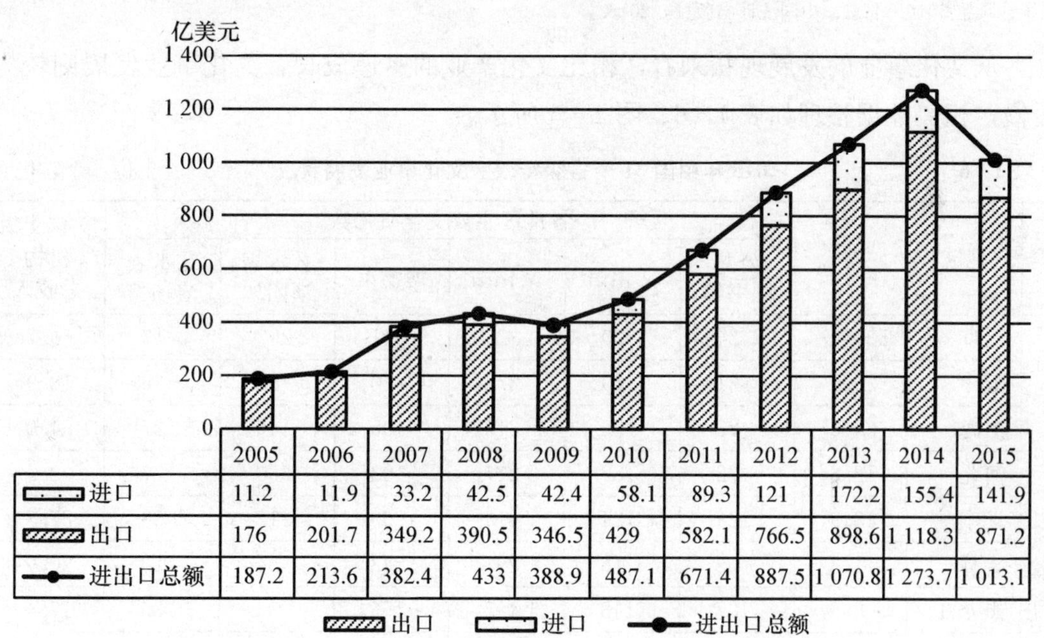

	2005	2006	2007	2008	2009	2010	2011	2012	2013	2014	2015
进口	11.2	11.9	33.2	42.5	42.4	58.1	89.3	121	172.2	155.4	141.9
出口	176	201.7	349.2	390.5	346.5	429	582.1	766.5	898.6	1 118.3	871.2
进出口总额	187.2	213.6	382.4	433	388.9	487.1	671.4	887.5	1 070.8	1 273.7	1 013.1

图 1－5　2005—2015 年我国文化产品进出口额

表 1－5　　2015 年我国不同类型文化产品进出口额　　单位：亿美元

	进出口总额	出口额	进口额	贸易差额
合计	1 013.12	871.22	141.90	729.33
出版物	47.44	36.15	11.28	24.87
图书、报纸、期刊	23.67	18.24	5.44	12.80
音像制品及电子出版物	3.61	1.21	2.40	−1.19
其他出版物	20.15	16.71	3.45	13.26
工艺美术品及收藏品	394.44	374.66	19.78	354.89
工艺美术品	391.87	373.99	17.88	356.10
收藏品	2.57	0.68	1.90	−1.22
文化用品	347.37	332.72	14.65	318.07
文具	1.48	1.47	0.02	1.45

续前表

	进出口总额	出口额	进口额	贸易差额
乐器	20.33	16.94	3.39	13.56
玩具	161.61	156.64	4.97	151.67
游艺器材及娱乐用品	163.95	157.66	6.28	151.38
文化专用设备	223.87	127.68	96.18	31.50
印刷专业设备	27.12	13.98	13.13	0.85
广播电视电影专用设备	196.75	113.70	83.05	30.65

数据来源：国家统计局社会科技和文化产业统计司，中宣部文化体制改革和发展办公室．中国文化及相关产业统计年鉴2016．北京：中国统计出版社，2016．

从文化事业的发展现状来看，相比文化产业的迅速成长，文化事业发展则较为缓慢，相关数据整理如表1-6、图1-6所示。

表1-6　2015年中国31个省级行政区文化事业发展状况　单位：个、亿元

	地区	文化事业费	各地区主要文化机构数						文化文物机构总收入
			公共图书馆	文化馆	文化站	博物馆	艺术表演团体	艺术表演场馆	
东部地区	北京	530.5	24	20	326	41	292	17	66.7
	天津	26.9	31	19	272	20	58	26	18.9
	上海	24.5	25	26	213	100	148	27	54.0
	河北	12.8	172	182	2 217	103	500	77	33.4
	辽宁	13.9	129	124	1 419	63	212	33	27.7
	吉林	11.2	66	78	897	73	54	26	20.0
	黑龙江	9.6	107	148	1 492	156	35	35	17.4
	江苏	36.9	114	116	1 278	292	291	110	188.1
	浙江	36.0	100	102	1 330	183	733	61	81.6
	福建	14.5	90	98	1 139	98	506	57	36.4
	山东	24.6	154	159	1 807	194	414	93	52.6
	广东	42.0	140	147	1 599	175	405	45	85.7
	海南	6.2	21	21	212	18	67	7	12.5
中部地区	山西	14.1	126	131	1 407	97	226	100	48.1
	安徽	11.1	122	120	1 437	154	991	48	26.4
	江西	9.0	114	118	1 759	137	229	51	21.0
	河南	16.1	158	205	2 322	222	429	139	39.0
	湖北	15.4	112	120	1 262	170	307	53	33.8
	湖南	14.5	137	142	2 530	103	227	58	33.7

续前表

	地区	文化事业费	各地区主要文化机构数						文化文物机构总收入
			公共图书馆	文化馆	文化站	博物馆	艺术表演团体	艺术表演场馆	
西部地区	重庆	9.6	43	41	997	71	443	15	2.5
	内蒙古	17.4	117	118	1 038	72	144	18	28.2
	广西	13.2	112	123	1 167	104	59	19	31.9
	四川	30.5	203	207	4 595	188	510	42	69.1
	贵州	9.7	96	98	1 589	75	106	6	37.8
	云南	14.4	151	148	1 398	84	259	18	30.7
	西藏	3.2	79	82	533	2	79	14	11.5
	陕西	19.2	110	122	1 650	221	119	86	54.4
	甘肃	9.9	103	103	1 331	143	124	22	28.6
	青海	5.1	49	55	358	22	37	16	9.6
	宁夏	3.8	26	26	227	11	33	3	8.8
	新疆	13.9	107	116	1 144	76	123	15	3.1

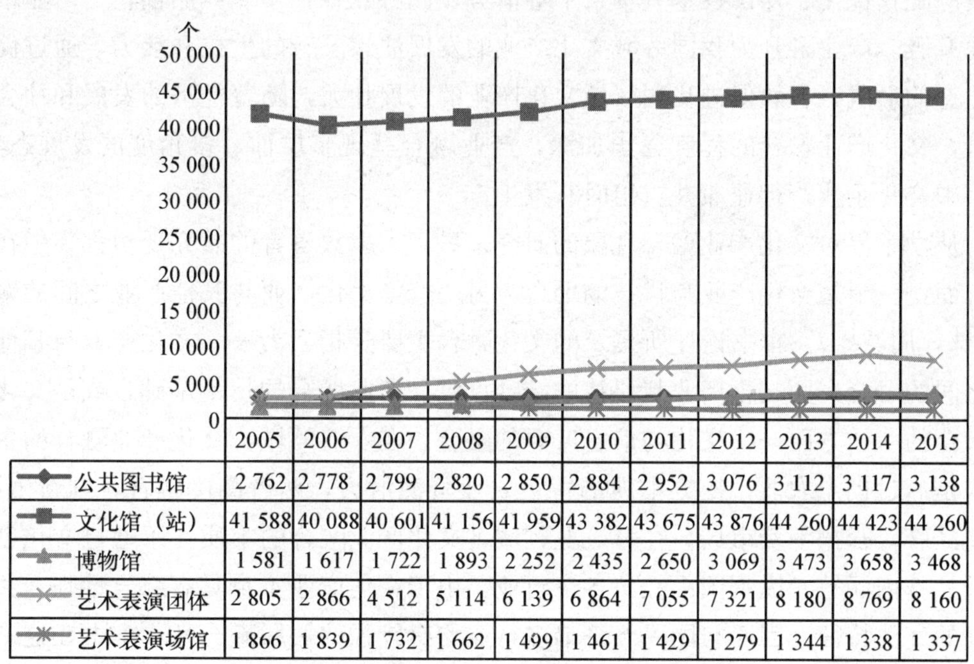

	2005	2006	2007	2008	2009	2010	2011	2012	2013	2014	2015
公共图书馆	2 762	2 778	2 799	2 820	2 850	2 884	2 952	3 076	3 112	3 117	3 138
文化馆（站）	41 588	40 088	40 601	41 156	41 959	43 382	43 675	43 876	44 260	44 423	44 260
博物馆	1 581	1 617	1 722	1 893	2 252	2 435	2 650	3 069	3 473	3 658	3 468
艺术表演团体	2 805	2 866	4 512	5 114	6 139	6 864	7 055	7 321	8 180	8 769	8 160
艺术表演场馆	1 866	1 839	1 732	1 662	1 499	1 461	1 429	1 279	1 344	1 338	1 337

图 1－6　2005—2015 年我国文化机构数量

可以看到，近十年，我国公共图书馆、文化馆（站）等文化机构数量变化不大，年均增长率仅为 1％左右；博物馆数量增长幅度较大，从 2005 年的 1 581 家增长到 2015 年的 3 468 家，年均增长幅度超过 10％；艺术表演团体个数也呈现出逐年明显增加的态势，从 2005 年的 2 805 家艺术表演团体增加到 2015 年的 8 160 家，11 年共增加 5 294 家，年均增长率高达 17.16％。与其他文化机构不断增加的态势相反，艺术表演场馆数量在不断减少，且下降幅度较大，从2005年的1 866家下降到2015年的1 337家，11年间减少超过500家。从文化事业区域水平来看，根据表1－6中2015年31个省级行政区文化事业发展状况，国家和地方政府对文化事业财政支持力度最高的地区是北京，其次是广东，而江苏是文化文物机构收入最高的地区。对各地区文化事业机构数量的比较显示，四川的公共图书馆、文化馆与文化站数量最多，其次是河南；江苏、河南和陕西的博物馆数量在全国排名前三，而艺术表演团体则是安徽和浙江较多。从中东西部发展来看，东部地区文化事业发展均值略低于中部六省文化事业发展，西部地区虽然有四川和陕西“花开两朵”，但从整体来看，文化事业发展与中东部相比差距较大。

（2）文化产业融合发展的必然趋势。

产业融合是经济全球化背景下，产业演化和发展进程中的必然现象。产业融合作为产业创新的一种方式，在形成新产业、催生新市场、满足新需求的过程中，通过资源配置优化、知识技术共享，平等借势、优势互补，实现产品创新、产业结构优化升级。产业融合为我国区域文化产业的发展注入了新的生机和活力，通过促使新业态的形成，有效促进我国区域文化产业的发展壮大，随着经济的发展和社会的进步，文化产业融合的程度逐步加深，产业融合呈现多层面、多角度的发展态势，城市中文化企业跨行业兼并重组时有发生。

从学术界对文化产业融合现象的研究来看，大多数学者的研究视角都集中在两个方面，一个是文化产业与科技的融合，另一个是文化产业与其他产业之间的融合（李姝，周城雄）。本书论述所提及的文化融合主要是指后者——文化产业与其他产业之间的融合，而文化产业与科技的结合仅仅是产业融合的技术基础，或是文化产业融合的一个方面——文化与信息产业的融合。在农业领域，文化产业融合的主要形式是通过创意农业，挖掘本地的特色农业资源潜力，两者高度融合，创新生活，塑造品牌，开拓消费市场。在轻工业领域，文化产业融合的本质在于通过文化创意提升品牌内涵等。纵观国民经济各个行业，由于文化产业本身具有综合性强、关联性高的产业特征，因而与国民经济诸多行业均有较强的关联融合性，本书在这一部分仅选取与文化产业融合性相对更强的旅游业和信息产业两个行业，分别对文化产业与上述两个行业的融合发展机理进行分析。

1）文化产业与旅游业的融合发展。

旅游业与文化产业的产业特性，决定了二者之间具有较高的产业关联性。首先，旅游业与文化产业本身都是关联性极强的产业。其次，旅游业与文化产业之间具有天然的耦合性。旅游说到底是一种文化现象，旅游业中那些利用文化资源为旅游服务的经营企业，其本质属于文化产业，而文化产业中那些主要生产供旅游者参观、游览、鉴赏和购买产品的企业又发挥着旅游的作用。最后，旅游业与文化产业具有优势上的互补性。文化的优势在内涵，旅游的优势在市场。旅游业能为文化产业提供平台和载体，文化产业能使旅游业具有更高的文化附加值与更大的利润空间，即文化是旅游的灵魂，旅游是文化的载体。

旅游业与文化产业融合发展形成文化旅游新业态。文化旅游新业态的出现是旅游业与文化产业融合发展的外在表现。旅游业与文化产业之间天然的耦合性和共同的现实需求，增强了二者相互融合的动力。不断增强的产业关联性，促进了旅游业与文化产业融合深度的不断加深及融合广度的不断拓展，最终突破产业的界限，形成文化旅游新业态。因此，旅游业与文化产业融合发展是传统旅游业突破增长瓶颈的必然选择，是产生新价值的增长点和动力源。

2）文化产业与信息产业的融合发展。

信息产业的发展从根本上改变了众多文化产品的生产、传播和消费方式，深刻影响着文化产业的发展趋势；与此同时，信息产业对文化内涵的需求也在不断加大，文化因素同样已经深深渗透到科技领域，成为社会经济发展的重要产业。两个产业相互融合，关联程度日渐加深。

当前文化与信息产业的融合，计算机网络是重要方面之一。计算机网络及其承载的文化因素扩充了文化的传播手段，促进了文化传播方式、文化生产和文化消费形态的变化和发展。传统文化产业与数字化、新媒体等新一代网络信息融合，借助高科技手段使文化产品更形象、更生动、更快捷地传播，形成附加值与受众更广的动漫、网络、手机游戏等以多媒体产品为主要形态的新兴文化产业。信息技术促使各种文化资源相互结合融合重铸，并且以产业化运作来实现，建立起了新的文化生产和文化消费方式，产生了新的产业群，培育出新的消费群，使文化产业更具有生命力。信息技术不断渗透到文化产业的生产、传播和消费等环节，为文化产业的发展创新和产业结构的改造升级提供推动力和支持，而文化产业为信息产业提供内容输出，使得信息技术与文化资源结合重铸，提升信息产业的层次，形成新的需求拉动力，从而决定了文化产业与信息产业关联融合的必要性和必然性。

（3）区域文化消费水平稳步提升。

文化消费是文化产业链的终端环节，是区域文化发展的现实基础，同时也是区域文化发展的最终目的。从定义上来看，文化消费是指人们根据自己的收入水平、价值观念、消费习惯，用文化产品或服务来满足人们精神需求的一种消费，主要包括教育、文化娱乐、体育健身、旅游观光等方面。在知识经济条件下，文化消费被赋予了新的内涵，呈现出主流化、高科技化、大众化、全球化的特征。投资、出口、消费是拉动经济增长的“三驾马车”，对于文化产业发展亦是如此。当前，由于西方文化在全球的强势地位，促进文化出口大量增加在短期内难以奏效；投资是当前文化产业发展最主要的驱动力，但文化产业的健康持续发展不仅需要数量规模的扩张，更需要质量效益的提升，以满足市场日益多元化的消费需求；文化消费是拉动文化产业发展的内在的动力，不仅文化消费需求的释放能够刺激文化生产的增加，而且文化消费内容和载体的变化还可以推动文化产业发展升级。从全国文化消费的整体现状来看，近年来我国文化消费市场呈现文化消费规模不断扩大、消费意愿逐步提升和消费环境日趋优化的良好态势。

1）文化消费规模不断扩大。

改革开放以来，我国经济建设取得了巨大的成就。根据马斯洛需求层次理论，当人的物质需求得到基本满足时，精神文化需求就会成为人的主导价值需求。从发达国家的历史经验来看，经济发展到一定程度之后，人们将会更加注重生活品质的提升和自身价值的实现，对于文化消费的需求日益旺盛，尤其对于休闲娱乐、生态文化、游戏体验等一系列新兴文化需求将会急剧增长。因此，随着我国经济社会的进一步发展，文化消费将逐渐成为居民日常生活消费的重要组成部分，文化消费总规模将不断扩大。

《中国文化消费需求景气评价报告 2017》显示，全国城乡消费需求持续保持高增长。从文化消费总量来看，2015 年全国城乡文化消费总量达到 24 036.45 亿元，同比增长 13.27%。其中城市文化消费总量达到 18 113.39 亿元，比上年同期增长了 14.23%；乡村文化消费总量达到5 923.07亿元，同比增长 10.41%。1995—2015 年，全国城乡文化消费总量由 1 962.86 亿元增至 24 036.45 亿元，年均增长率达到 13.34%。同期全国城镇文化消费总量由 1 084.21 亿元增至 18 113.39 亿元，20 年间增长了 17 029.18 亿元，年均增长率达到 15.12%；全国乡村文化消费总量由 878.65 亿元增至 5 923.07 亿元，20 年间增长了 5 044.42 亿元，年均增长率达到 10.01%。从人均文化消费水平来看，1995—2015 年，全国城乡人均文化消费由 162.91 元增长至 1 723.11 元，年均增长 12.52%，同期全国城镇人均文化消费由 312.71 元上升至 2 382.84 元，年均增长 10.69%；全国乡村人均文化消费由 102.39 元上涨至 969.31 元，年均增长 11.89%。通过数据可以看到，过去 20 年间我国城乡文化消费水平呈现高速增长态势，其中城市文化消费增长尤为明显。无论是从文化消费总量来看，还是从人均文化消费量来看，全国文化消费年增长速度都在 10%以上。

2）文化消费意愿逐步提升。

随着我国经济的快速发展，城乡居民收入呈逐年增长的态势，居民的消费范围也不断扩大（相关数据详见表1-7），消费结构已经从物质产品消费为主体向物质消费和文化消费并举转变，城乡居民越来越重视文化生活，人均文化消费逐年增长，文化消费不再是少数人的“奢侈品”，文化消费逐渐趋于大众化和多样化。城乡文化市场日益活跃，文化产品和文化服务越来越丰富，各类文化活动花样繁多，城乡居民的文化娱乐消费大幅增长，多样的文化产品和文化服务让大众拥有更多的选择权，极大地刺激了文化消费需求，文化消费意愿大幅提升。

表1-7　　城乡居民文化消费相关数据　　单位：元/人

年份	城镇居民			农村居民		
	可支配收入	消费支出	教育文化娱乐花费	纯收入	消费支出	教育文化娱乐消费
2002	7 703	6 030	407	2 476	1 834	201
2003	8 472	6 511	420	2 622	1 943	236
2004	9 422	7 182	474	2 936	2 185	248
2005	10 493	7 943	526	3 255	2 555	295
2006	11 759	8 697	591	3 587	2 829	305
2007	13 786	9 997	691	4 140	3 224	306
2008	15 781	11 243	736	4 761	3 661	315
2009	17 175	12 265	827	5 153	3 993	341
2010	19 109	13 471	966	5 919	4 382	367
2011	21 810	15 161	1 102	6 977	5 221	397
2012	24 565	16 674	2 033	7 917	5 908	446
2013	26 467	18 488	1 988	9 430	7 485	755
2014	28 844	19 968	2 142	10 489	8 383	860
2015	31 195	21 392	2 383	11 422	9 223	969

3）文化消费环境日趋优化。

近年来，国家为改善文化消费环境，促进文化消费，出台了一系列相关政策。如通过政府购买服务、消费补贴等途径，降低文化消费成本；引导和支持文化企业提供更多文化产品和服务，重点扶持一批能够提供综合性、多样化文化产品和优质服务的文化企业，通过打造原创文化精品，增加文化产品和文化服务供给，为消费者提供更多的文化消费选择；加强各类公共文化服务设施的建设，为文化消费提供便利；搭建各类文化消费平台，如国际音乐节、国际电影节、国际图书节、国际设计周、图书博览会等，打造一批主题鲜明的文化消费活动品牌，进一步优化文化消费环境。

（二）研究意义

1. 理论意义

区域文化力及其影响因素研究具有重要的理论意义和学术价值。近年来，文化在推动经济社会发展、增强综合国力等方面发挥着越来越重要的作用，文化力研究也逐渐成为学术研究的热点。但是从已有的文献来看，学术界对文化力这一热点问题并没有形成系统的研究。大多文献就文化谈文化，仅仅从理论层面对文化进行分析，缺乏实证分析佐证，并且多数研究只是针对单个的文化核心要素进行研究，将文化力及影响因素进行整体研究的文献较少。本书结合了统计学、文化学、产业经济学等理论，从统计的角度、定量的角度研究区域文化力，建立文化力统计评价指标体系，采用统计方法对于区域文化力的发展状况进行科学的测度，对于支撑影响文化力的核心要素进行分析研究，并使用统计模型进行实证检验。从经济社会统计学的角度对于文化力核心子要素进行解析，从投入、产出、效率、公平等层面对于文化产业生产效率、文化事业公平、文化消费水平三个影响文化力发展的要素进行评价，并进一步研究影响文化产业效率、文化事业公平、文化需求水平的环境因素，为文化力问题研究进一步拓宽思路，丰富文化力的研究体系和研究成果，完善文化力理论框架。为了能够从定量的角度研究文化力，本书将较新的统计模型应用于区域文化力的研究，包括数据包络模型（DEA - BCC）、空间计量模型、面板分位回归、熵权法、面板 Tobit 回归等模型，对区域文化力及其影响因素进行统计分析研究。本书将这一系列统计模型应用于文化领域，不仅进一步拓展了文化力的研究思路，同时也拓展了这些统计模型的应用范围。

2. 现实意义

我国是一个具有五千年历史的文明古国，是四大古文明发源国中唯一延续至今的国家，历史文化资源极为丰富，在文化发展建设上具有先天优势。尽管如此，从实际发展现状来看，我国整体文化发展水平却与丰富的文化资源不相称。近年来，国家推动文化发展的力度在不断加大，我国文化产业、文化事业、文化消费都呈现较快的发展，整体文化实力进一步增强，但从国际上来看，我国文化产业的影响不强，文化产品的内容生产和内容出口都相当薄弱，文化逆差较大且呈现持续增大的态势，国内居民文化消费水平偏低，整体文化实力和影响力不强。从我国各区域文化发展的现状来看，我国文化发展极为不平衡，除了北上广等少数区域具有较强的文化竞争力外，多数区域文化产业发展落后，文化事业发展缓慢，文化消费增长乏力，整体文化竞争力不强。因此，研究如何提升各区域的文化力具有重大的现实意义。虽然近年来我国有部分学者和研究机构对区域文化力进行了笼统的研究和探讨，但仍然缺乏系统科学的理论和实证研究。如何又快又稳地提高我国各区域文化力，增强我国在国际市场竞争中的实力和地位，是我国文化发展面临的严峻现实和巨大挑战。因此，对我国区域文化力的水平进行科学、客观的评价和分析，正确认识和了解我国区域文化力的发展现状及特征，掌握各省市文化发展的优势和不足，探寻文化发展中相对薄弱的具体环节，可为我国各区域省、市制定具体的文化发展战略、提升文化力提供一定的科学参考。

二、研究内容

本书深入讨论了我国区域文化力的发展现状以及特征。本书认为，文化力包含供给侧的文化生产力、需求侧的文化消费力以及对于文化生产和文化消费产生影响的文化环境力。本书从文化供给侧文化产业生产效率、文化事业公平以及文化需求侧文化消费三个子角度入手，科学评价我国文化产业效率水平、文化事业公平程度以及文化消费水平，进一步找出影响文化产业效率水平、文化事业公平以及文化消费水平的经济社会影响因素，搭建以文化生产力、文化消费力、文化环境力为核心要素的整体文化力评价指标体系，采用统计方法从整体角度来对区域文化力进行评价。

本书的研究框架如图 1－7 所示。

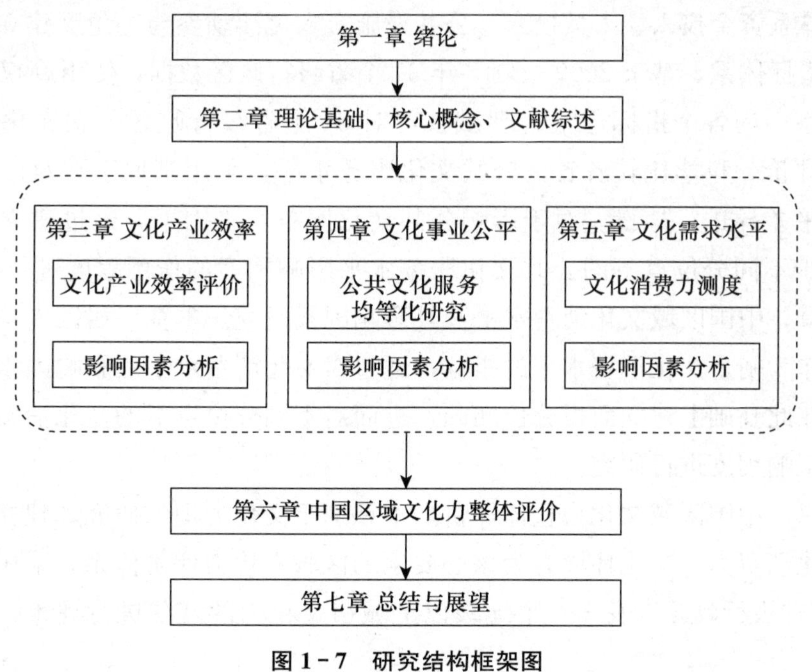

图 1－7　研究结构框架图

各章的主要内容如下：

第一章，绪论。本章对于本书的研究背景、研究意义、研究内容、研究方法以及创新点等内容进行了系统阐述，明确了中国传统文化内容在建立社会主义核心价值体系、推动当代区域发展上所具有的精神价值，提出应以“内容创新、形式创新、科技创新、教育创新、学术创新、产业创新”推动区域文化供给侧改革，突破传统文化发展的困局；通过对文化发展政策历史演进的系统梳理，揭示国家助力区域文化发展的战略举措和文化发展方向；从宏观层面分析了全国区域文化产业的发展现状、融合趋势以及区域文化消费水平的稳步提高。

第二章，区域文化力研究综述及理论分析。本章对文化、文化力、文化产业、文化事业、文化消费等已有研究及相关理论进行梳理，并对重要概念的内涵和外延进行有效界定。

第三章，中国区域文化产业效率及其影响因素研究。本章基于国家统计局发布的 2013 年、2014 年、2015 年《文化及相关产业统计年鉴》等全口径文化产业数据全面系统地分析我国文化产业效率发展现状，采用数据包络模型（DEA - BBC）对我国 31 个省级行政区域文化产业效率进行评价，在此基础上根据我国 31 个省级行政区文化产业效率得分的截取数据特点（0—1）以及文化产业溢出效应特点建立面板 Tobit 空间计量模型，分析各类经济社会影响因素对于区域文化产业效率的影响程度。

第四章，中国区域公共文化服务水平及其影响因素研究。本章从文化事业公共文化服务体系资金投入、人员投入、公共设施、文化活动参与等角度建立公共文化服务评价指标体系，基于 2009—2015 年 31 个省级行政区数据，使用熵权法来对统计指标体系中的各个指标进行合理赋权，对 31 个省级行政区公共文化服务水平进行合理评价，科学比较各省区公共文化服务水平，采用基尼系数对区域之间公共文化水平差异进行核量。对于影响公共文化服务水平因素，通过建立面板分位回归，对于不同分位点下的公共文化服务水平影响因素的作用程度进行研究。

第五章，中国区域文化消费水平及其影响因素研究。本章以居民人均文化消费现金支出作为衡量文化消费水平的指标，通过对文化消费水平的影响因素进行系统的梳理，在此基础上建立面板分位回归，进而对不同分位点下的文化消费水平各影响因素的影响程度进行研究。

第六章，中国区域文化力整体评价。本章基于文化力理论研究，建立以文化生产力、文化消费力、文化环境力为核心要素的区域文化力评价体系，采用熵权法对全国 31 个省级行政区以及 236 个地级以上城市文化力的现状进行评价，挖掘我国各区域文化力发展的薄弱环节。

第七章，研究总结与政策建议。本章对前六章的理论和实证研究成果进行了结论性总结，概括归纳出我国不同区域文化力发展的现状，基于理论与实证分析探讨了我国区域文化力发展存在的问题与瓶颈，在此基础上有针对性地提出促进我国区域文化力提升以及促进我国文化产业效率、文化事业公平、文化消费水平、文化环境提升等文化发展环节全面发展的建议。最后对于本书存在的研究不足进行说明并指出未来的改进方向，以期对我国区域文化力研究的进一步开展有所助益。

三、研究方法

从已有文献来看，关于文化力问题的文献多采用定性研究，为数不多的定量研究集中在文化软实力、文化竞争力综合指数评价上，采用的模型偏主观。本书将采用数据包络模型（data envelopment analysis，DEA）、面板 Tobit 模型、空间计量模型、面板分位回归、熵权法等统计方法对于研究对象进行统计分析，使得研究数据的信息能够得到充分体现。

（一）数据包络模型

数据包络模型是一种非参数相对效率评估方法，这种方法最先是由 Charnes、Cooper 和 Rhodes 提出，现在该方法广泛应用于多输入、多产出的多目标生产效率的计算[①]。本书所研究的文化产业效率测度具有多输入、多输出的特点，并且文化产业效率没有特定的生产函数，因此数据包络模型这种非参数评估方法非常适合于文化产业投入产业效率的计算。由于文化产业不符合 DEA－CCR 模型的规模报酬不变的性质，在本书中所采用的方法为 DEA－BBC 模型。

（二）面板 Tobit 回归模型

由于本书文化产业效率得分作为被解释变量，其变量分布具有截取特征（0—1），直接使用传统 OLS 方法会产生估计结果有偏不一致的问题，为解决此问题，本书采用面板 Tobit 回归模型，面板 Tobit 回归模型能够有效地解决在 DEA 模型得分分布违反回归模型正态性假定时所产生的问题。

---

① CHARNES A，COOPER W W，RHODES E. Measuring the efficiency of decision making units [J]. European Journal of Operational Research，1979，2 (6)：429-444.

（三）空间计量模型

文化产业通过人员流动、知识传播等途径对于其他空间具有溢出效应，这种情况不适合使用以各个样本之间互相独立为假设前提的传统回归模型。因此，研究文化产业效率影响因素时，进行传统的面板回归得到的统计结果是非最优的，空间计量模型更加适用于文化效率影响因素的研究。为了解决样本之间不符合独立性假设的问题，本书采用空间面板模型，将文化产业的空间溢出效应纳入考虑范围之内。本书采用空间面板模型相较于空间截面模型同时考虑到时间以及截面空间两个维度，使用的样本数量更多，能够更加全面、有效地提取统计数据信息，使得统计模型结果更具有稳健性。

（四）面板分位回归模型

传统的线性回归方法主要是描述被解释变量的条件均值分布和解释变量的关系，因此传统的线性回归模型也称均值回归（Mean Regression），其中最小二乘法（OLS）是估计回归系数最为基本的统计方法。该方法的假设比较严格，比如要求随机误差项是正态分布，当违反这些假设时，传统回归模型效果较差。1978 年，Koenker 和 Bassett 引入分位回归（Quantile Regression），它是估计一组解释变量 X 与被解释变量 Y 的条件分位数之间关系的统计建模方法①。使用分位回归模型的优点有三方面：第一，分位回归模型能够更加全面地描述被解释变量条件分布的全貌，而不是仅仅分析被解释变量的条件均值。第二，不同分位数条件下，解释变量的回归系数估计量常常不同，即解释变量对于不同水平的被解释变量的影响不同，因此使用分位回归模型能够更加全面地展示不同分位水平的被解释变量受解释变量的影响程度。第三，与均值回归模型相比，对于存在有离群值和残差项等不符合正态假设的情况，分位回归模型的估计结果更为稳健。本书在研究均等化公共文化服务水平和文化消费水平影响因素中使用了面板分位回归模型。

① KOENKER R，BASSETT G. Regression Quantiles［J］. Econometrica. 1978，46（1）：33-50.

第二章　区域文化力研究综述及理论分析

“他山之石，可以攻玉。”基于文化力研究内容的需要，本章梳理了国内外学者关于文化、文化力、文化产业、文化事业、文化消费等相关内容的研究成果，并且对于文化力相关理论进行了探讨。通过梳理过往研究，可以为本书研究拓宽思路，为进一步研究打下基础。结合研究问题，本章从以下几个角度进行了梳理和分析。

一、文化研究综述及理论分析

（一）文化研究综述

文化研究是文化力研究的基础。“文化”一词源于拉丁语“Colera”，“Colera”最原始的词义是指“土地耕耘”和“身体和精神护理”，随着时代的变迁衍生出“精神文化”的含义。“文化”这一词汇具有模糊性、复杂性、多义性，英国学者雷蒙德·威廉姆斯（Raymond Williams）将“文化”一词称为英语语言中最为复杂的词汇之一[①]。由于文化是一个非常宽泛的概念且具有模糊性、复杂性、多义性，国内外学者从各自学科的研究角度出发对文化进行多种界定和解释。克罗伯（Kroeber）和克拉克洪（Kluckhohn）两位学者收集整理了1871—1951年的文化研究，梳理出了166条对文化的定义，学术界关于文化的定义更是超过300种，但文化始终没有一个严格、统一、权威的定义。总的来说，文化研究分为广义和狭义。从广义角度研究的文化涵盖了人类所创造的精神财富和物质财富的总和，包括一个国家或民族的生产、生活方式、行为规范、文学艺术、思维方式、价值观念以及地理、历史、传统习俗、风土人情等各个方面，表2－1中列举了从广义角度研究并具有

① 雷蒙·威廉姆斯．文化与社会［M］．高晓玲，译．吉林：吉林出版社，2011.

代表性的文化定义。但许多学者认为广义角度的文化所包括的内容过于宽泛，不具有实际分析的可操作性，于是从狭义的角度对文化进行了分析研究。从狭义角度来看，文化是一个国家或民族创造的精神财富以及与之相适应的制度和机构。狭义角度的文化仅包含强调观念性、精神性形态的文化，尤其是20世纪以来借助市场化、产业化力量得以大量复制和传播的创意性文化，包括艺术、音乐、舞蹈、戏剧、图书、报刊、新闻、美术、广播、电影、电视、动漫、广告等，表2-2列举了从狭义角度研究并具有代表性的文化定义。

表2-1　　具有代表性的广义角度文化定义

代表性学者	代表性定义
赫斯科维奇（Melville J. Herskovits）	文化是“环境中的人为部分”，即与自然的相对应部分都是人造的文化，文化是人类创造活动的总和，这是最为广义角度的文化定义
《世界大百科全书》	文化是指所有社会遗产，其中包括：生产工具、武器、社会结构、音乐、宗教、艺术、文学、意识形态等
胡兆量	文化可以分为三个层面：器物技术为主的表层，制度、社会结构为主的中间层，意识形态为主的内核层。在这三个层次的文化中，意识形态为主的内核层具有最大的影响①
孙晶	文化与政治和经济相对，是一种包括了意识形态成果的文化，文化本身也涵盖了物质文化的一些内容②

表2-2　　具有代表性的狭义角度文化定义

代表性学者	代表性定义
爱德华·泰勒（Edward Tylor）	文化包括所有的艺术风俗、道德取向、宗教法律、价值观以及所有成员须遵从的制度和规范的总和③
马文·哈里斯（Marvin Harris）	文化的概念是指群体成员通过传承获得的习俗、生活方式、制度规范等行为模式④
马林诺夫斯基（Bronislaw Malinowski）	文化包含技术、观念、习惯和价值观等，是部分自治制度和部分协调制度的综合⑤
克莱德·克拉克洪（Clyde Kluckhohn）	文化是个人从群体中继承的一个民族的综合性社会遗产，包括生活方式、思维方式、信仰方式、情感表达方式⑥

① 胡兆量．中国文化的区域对比研究．人文地理，1998（1）：5-11．

② 孙晶．文化力与作为一种非正式制度的文化．河北学刊，2004（2）：99-102．

③ 爱德华·泰勒．原始文化．连树声，译．桂林：广西师范大学出版社，2005．

④ 马文·哈里斯．文化的起源．黄晴，译．北京：华夏出版社，1988．

⑤ 马林诺夫斯基．文化论．费孝通，译．北京：中国民间文艺出版社，1987．

⑥ 克莱德·克拉克洪．论人类学与古典学的关系．北京：北京大学出版社，2013．

续前表

代表性学者	代表性定义
罗杰·基辛（Roger M Keesing）	文化是系统的社会交往行为模式，包括生活方式、生产技术、社会习俗、宗教信仰和经济、社会和政治组织社会的方式①
古迪纳夫（Ward Hunt Goodenough）	文化是为文化共同体的成员所接受的行为方式以及信仰等。文化不是一个物质现象，而是人的行为和情感以及实物的总和。文化是存在于人的心目中的实物的形式，是洞察、链接并解释这些的实物一种方式②
克洛德·列维-斯特劳斯（Claude Lévi-Strauss）	文化是共享的符号系统，这是历代人心智积累所共同创造的。人类是通过对文化领域（如社会组织、亲属关系、神话、宗教、原始艺术和语言等）的心智构建中来形成这种共享的符号系统③
帕克；伯吉斯	文化是指一个族群综合的社会生活遗传结构的总和，由于该族群的特定历史和特点，这些遗传结构有了社会意义

（二）文化理论分析

1. 本书研究文化的视角

从已有研究来看，文化有广义和狭义之分，但这些对于文化概念的界定也只是各领域学者从自身研究问题的角度为人们理解文化提供了一个思维框架，面对各种不同的文化定义，在文化研究中很少有人恪守一个严格的文化边界进行研究，人们往往针对具体研究内容对文化加以界定。本书研究的是区域文化，其中区域是指根据国家行政管理部门所做的行政区域划分（比如省、市、乡、县等），因此本书的研究重点是行政区域内可以统计、可以衡量的“文化”活动，包括供给侧文化即文化生产、需求侧文化即文化消费以及影响文化生产和消费的文化环境。本书从文化生产、文化需求、文化环境“三位一体”的视角把握文化系统结构，进行文化研究，使得文化研究可以通过统计数据、统计方法、统计思想进行实证分析，体现本书文化研究价值。

2. 文化特征分析

首先，文化具有经济属性。随着市场经济的发展，文化活动不再是仅仅通

① ROGER M KEESING. Cultural Anthropology：A Contemporary Perspective. CBS College Publishing，1976.

② WARD H GOODENOUGH. Cultural anthropology and linguistics：Monograph Series on Language and Linguistics. Georgetown University Press，1957.

③ CLAUDE LÉVI-STRAUSS. Structural anthropology. Penguin Books，1993.

过原始的口耳相传实现，而是广泛通过文化市场上文化产品生产、消费等经济活动实现，大量的文化需求通过文化产品或服务的消费者在文化市场购买文化产品的路径获得，文化活动的进行伴随着经济活动的进行，文化的经济属性日益凸显。其次，文化具有社会属性。文化的核心层包含社会群体共同遵守的道德取向、精神信仰、价值观等精神层面的东西，是社会构成中最为深层次、最具有核心价值的部分。最后，文化具有区域性。文化的发展必须依托一定的区域空间，不同文化空间由于空间内地理、历史、种族发展环境不同，形成的文化也具有不同的地域性、历史性和民族性，因此每个区域会形成具有自身特色的区域性文化。

二、文化力研究综述及理论分析

（一）文化力研究综述

基于研究目的的不同，学者们对于文化力的研究角度也有所不同，因此对于"文化之力"进行了不同的表述，从不同研究角度赋予"文化之力"不同的内涵和外延，关于"文化之力"比较有影响力的包括文化力、文化软实力、文化竞争力等表述。

1. 文化力研究综述

文化力泛指文化产生的作用力，正如文化概念分为广义角度与狭义角度一样，文化力就是从广义的角度去衡量文化产生的作用力，与文化力相近的概念"文化软实力"就是从狭义的角度衡量文化创造在意识形态和精神层面的作用力。"文化力"作为一个新的研究领域，目前尚未能形成统一的定义。由于文化内涵界定的复杂性和差异性，各界学者出于不同的研究目的、研究视角对文化力进行了不同的诠释。在我国，文化力的概念缘起于梁启超（1920）在《中国人对于世界文明之大责任》中的表述。在该书中，梁启超提出文化力是国家综合国力的一部分。基于当时研究的时代背景，该文中的文化力指的是相对于西方文化中国传统文化在促进国家发展、民族团聚方面所发挥的力量。"力"本身是一个物理学概念，表示为物体对物体的作用。文化力是指人们在改造和征服自然的过程中文化所发挥的力量，是通过发挥各种文化因素作用来推动经济社会发展的内在力（高占祥，1997）。由于文化本身概念具有模糊性和多义性，对于文化力的界定也就存在难度，对于文化力进行评价和研究更存在难度。贾春峰（1992）提出，"经济力""政治力"以及"文化力”是推动我国经济社会前进的三种根本力量，“文化力”是综合国力的重要部分，“文化力”包含智力因素（包含教育和科技等内容）、精神力量（包含理想、道德、信仰、价值观、精神等）、文化网络、传统文化四个方面。随着文化、经济一体化趋势的日益加强，经济发展能够进一步促进文化力发展，文化力发展反作用于生产力，推动经济发展。周玉波（2003）认为，文化通过科技创新、制度创新、观念创新、道德规范、文化事业辐射、传统文化凝聚六大核心要素发挥文化力作用。李江帆（2007）认为，经济、政治、军事因素都是有“力”的，表现为经济力量、政治力量和军事力量，文化因素作为一种独立因素存在，也应当有独立的力量，也就是文化力。皮家胜、刘永飘（2013）认为，文化力乃是改善人同自然、社会和自身关系并且能够提升人自身潜质的一种能力，是人的心智和情感世界的产物。樊浩（1995）从精神影响角度定义文化力，认为文化通过在精神层面影响人形成人的合力；李春华（2000）也从精神影响角度定义文化力，认为文化力是一种从深层层面造成了我国区域发展不平衡的制约力量；何频（2007）从经济生产角度定义文化力，认为文化力等同于文化产生力，但仅从经济角度或精神影响一个方面定义文化力是稍显片面的。高占祥在其所著的《文化力》中认为，文化力包括文化竞争力在内的文化影响力（cultural influence）、文化创造力（cultural creativity）、文化生产力（cultural productivity）、文化吸引力（cultural attractions）、文化思维力（cultural thinking ability）、文化先导力（cultural pilot force）、文化平衡力（cultural harmony force）、文化形象力（cultural imagnation force）、文化凝聚力（cultural cohesion force）等 20 种文化作用力。

2. 文化软实力研究综述

软实力（soft power）由约瑟夫·奈（Joseph Nye）在 1989 年首次提出，约瑟夫·奈认为，同经济实力、军事实力等硬实力一样，文化、价值观念、生活方式和意识形态等软实力体现了吸引力、亲和力、影响力、凝聚力，体现了一个国家维护和实现国家利益的决策和行动的能力，是一个国家综合国力的重要体现。塞缪尔·亨廷顿（Samuel P. Huntington）提出文化软实力对一国发展具有重要作用，他同时认为文化将取代经济、政治等问题成为国际冲突的根源。兹比格涅夫·布热津斯基（Zbigniew Kazimierz Brzezinski）、泰勒·考恩（Tyler Cowen）、约翰·汤姆林森（John Tomlinson）、马修·弗雷泽（Matthew Fraser）等学者都对软实力在当代的发展问题进行了多角度、多维度的研究。约书亚·科兰兹克（Joshua Kurlantzick，2007）对于中国的软实力进行了系统研究，他在其写作的首部西方学者研究中国软实力著作《魅力攻势：看中国的软实力如何改变世界》中提出，中国软实力发展对于整个亚洲乃至整个世界都具有极大的影响。之后，随着中国的文化软实力和世界影响力迅速提升，更多学者对于中国文化软实力进行研究，贝茨·吉尔、黄严中、丁盛、辜学武等学者从中国软实力现状以及未来发展趋势、中国软实力的资源、中国软实力对于文化安全的影响、中国如何通过自身文化软实力进行文化推广等问题进行了系统的分析。

我国学者在软实力上的研究主要基于约瑟夫·奈对于软实力的研究结论，结合我国文化发展实践构建符合我国国情和统计标准的指标评价体系，采用统计方法对于软实力指数进行系统评估。当前我国学者对于文化综合力的评价研究主要集中在文化竞争力。杨新洪（2008），谭志云（2009），周国富、吴丹丹（2010），罗能生、郭更臣、谢里（2010），胡建（2011），熊正德、郭荣凤（2011），贾海涛（2011），洪晓楠、邱金英、林丹（2013）等学者通过构建文化软实力的统计评价体系，从局部或整体角度对于我国文化软实力进行评价。学者们认为，文化软实力包含文化传统力、文化创新力、文化活动力、文化素质力、文化吸引力、文化管控力、文化传播力、文化政策力、文化辐射力、文化传承力、文化保障力、文化凝聚力等内容。从使用统计方法上来看，文化软实力研究主要采用层次分析法、神经网络分析法等统计评价方法。

3. 文化竞争力研究综述

伴随着经济全球化，文化全球化趋势日益明显，国际文化竞争力日益激烈，各国学者开始从竞争力的角度去评价“文化之力”。竞争力可以说是一个古老又崭新的概念，并且是一个被广泛运用于经济、社会各领域的综合概念。早在人类历史的早期，伴随着国家的出现，有关竞争力的观念就已经出现，全球一体化加剧了国际竞争。现如今，竞争力日益成为重要的研究方向。竞争力是指竞争者之间在争夺竞争对象过程中所展现出的比较差距、比较优势、比较吸引力等力量的综合力。竞争力表示与竞争对手相比所体现的强弱关系，因此竞争力理论研究的是比较优势理论。从经济学角度看，竞争力分为三层，包括：宏观竞争力（国家或区域竞争力）、中观竞争力（产业竞争力）、微观竞争力（企业竞争力或产品竞争力）。竞争力研究的代表人物迈克尔·波特（Michael E. Porter）对于国际竞争力的研究从宏观竞争力入手，研究一国特定产业通过在国际市场上销售其产品所反映出来的比较优势。文化竞争力是一个崭新的研究领域，有关文化竞争力的概念至今还没有达成共识，而且随着研究的不断深入，文化竞争力新的定义仍在不断出现。我国学者在文化竞争力方面的研究较多，陈乃举（2003）、田丰（2006）、邹广文（2008）、黄活虎（2009）等多位学者对于文化竞争力的内涵进行了分析。尽管不同学者对文化竞争力的定义各不相同，但综合来看，文化竞争力是指在经济全球化背景下，与其他竞争者相比，一个区域文化构成要素所产生的推动区域经济社会发展力量的高低，也就是一个区域文化要素所产生的推动力量与竞争对手相比具有的比较优势。文化竞争力是区域核心竞争力的外在特征，是最终实现区域文化价值的能力。在理论研究的基础上，我国学者通过建立统计指标体系，对于文化竞争力进行实证分析。倪鹏飞（2006），赵德兴、陈友华、李惠芬（2006），付启元、徐桂菊、王丽梅（2008），赵秀玲，张保林（2008），李凡、黄耀丽、叶敏思（2008），雷鸣、吴斯维、王晓（2009），谭志云（2009），向前（2011），李卫强（2012），陈明三（2013），蔡晓璐（2015）等学者根据自身对于文化竞争力的理解，从文化资源力（cultural resource power）、文化凝聚力（cultural cohesion power）、文化生产力（cultural productivity power）、文化创新力（cultural innovation power）、文化产业力（cultural industry power）、传统文化力（traditional cultural power）、都市文化力（urban cultural power）、文化交流力（cultural communication power）、文化环境力（cultural environment power）、文化消费力（cultural comsumption power）、文化管理力（cultural management power）、文化资源与设施力（cultural resources and facilities power）、文化生产要素力、文化市场需求力、政府相关政策、人才与文化创新、文化输出等多维度评价文化竞争力，分析评价文化竞争力现状并探讨文化竞争力提升所存在的问题，采用的统计方法包括层次分析法、聚类分析法、主成分分析、因子分析法、神经网络分析法、模糊曲线分析法等。

对于文化竞争力的讨论，学者们除了从宏观的角度去评估某区域的整体文化竞争实力外，从中观的角度对于文化产业竞争力进行研究也逐渐成为文化竞争力研究的主要方向。在经历了全球金融危机后，文化产业对促进经济增长的亮眼表现使得文化产业成为全球公认的新兴行业，文化产业对一国综合国力提升的贡献度日益提高，文化产业竞争力逐渐成为学术界的研究热点。文化产业是文化生产的核心部分，同时体现了文化的经济属性，文化产业企业追求在市场竞争环境下与对手相比具有更强的市场盈利和实现利润最大化的能力。迈克尔·波特（Michael Porter，1990）在产业竞争力研究过程中提出著名的钻石模型理论（Diamond Model），将产业竞争力的影响因素归结为资源要素（包括人力资源、天然资源、知识资源、资本资源、基础设施）、需求条件、辅助行业、企业战略、机遇、政府支持等。花建（2005）基于迈克尔·波特的竞争力钻石理论模型，系统地探讨了文化产业竞争力的内涵，认为文化产业竞争力通常也包括微观竞争力、中观竞争力和宏观竞争力三个层次，市场拓展能力、整体创新能力、可持续发展能力、成本控制能力四个核心能力，产业效益、实力、资源、关联、结构、能力、环境七个竞争力指标板块，进而提出提升文化竞争力的以下重点战略：实施资源整合战略、发挥创意优势战略、推进中心辐射战略、贯彻企业发展战略等。祁述裕（2004），宋彦麟（2006），赵彦云、余毅、马文涛（2006），李宜春（2006），杨新洪（2008），杨沂（2009）等学者也基于波特的竞争力钻石理论模型，结合我国国情构建评价指标体系，对于文化产业竞争力进行系统评估。文化软实力和文化竞争力都是文化力的组成部分，文化力是从广义的角度研究文化的作用力，文化软实力和文化竞争力都是仅仅研究文化作用力的某一方面。

（二）文化力理论分析

1. 文化力的内涵以及核心要素分析

“力”本身是一个物理学概念，表示物体对物体的作用。文化力是指人类在改造自然环境的过程中体现的文化力量，包括各种文化要素推动经济社会发展的内生动力。由于文化概念本身的模糊性和多义性，文化力的界定存在较大的难度，对于文化力进行评价和研究存在更大的难度。本书所研究的文化泛指所有文化产品的生产、分配、消费的全过程，因此文化力就包括供给侧的文化生产力、需求侧的文化消费力以及对于文化生产、文化消费起影响作用的文化环境力。文化力不是指单纯的某一种“力”，而是文化多重要素相互影响、相互作用而形成的一种文化综合力。

供给侧的文化生产力根据我国文化生产“二分法”的实际情况分为体现文化生产“经济属性”的文化产业生产力和体现文化生产“社会属性”的文化事业生产力。一方面，文化生产的经济属性通过文化产业的发展推动文化与经济融合即经济文化发展一体化来实现。在市场机制的作用下，文化的产业化发展将文化带入一个更加丰富、多元的发展阶段，文化成为资本、劳动等要素之后推动经济增长新的核心要素，文化的经济功能被进一步挖掘。另一方面，文化生产的社会属性通过文化事业的发展得以实现。文化对个人具有塑造品格、教化育人、满足精神需要的功能，对于社会来讲具有社会导向和社会整合的作用。文化产品是满足人们精神需要的产品，不同于普通产品的是，文化产品能够提高人的品行、修养、智力等方面素质，同时还能够起到价值导向的作用，因此文化所有生产全部市场化、产业化是不合理的。文化产业中企业的发展模式是基于产业化方式复制文化产品（服务），通过满足市场上文化产品（服务）消费者的需求使得企业利润最大化。某些不能够满足文化消费者需求但必要存在的文化产品（服务）由文化产业企业提供会存在效率低下的问题，这对于文化社会功能的发挥反而会起到阻碍作用。另外，文化产品本身的公共产品特性以及正向的外部效应会导致市场失灵（比如教育、科研等公共文化产品服务），这一部分文化产品（服务）需要通过公益性、社会性的文化事业生产提供。

需求侧文化消费力由私人文化产品消费力和公共文化产品消费力构成。其中，私人文化产品消费是“文化”和“经济”两个领域的交叉，是消费者为了满足自身的精神文化需求，通过文化市场消费精神文化类产品和服务的行为。私人文化产品是由文化产业所生产提供的，具有竞争性和排他性。与私人文化产品相对，公共文化产品具有非排他性和非竞争性，一般由文化事业单位或其他非政府组织生产提供，用以满足人民群众的基本文化需求以及保障人民群众的基本文化权益。文化消费力体现的是文化需求力，文化生产力体现的是文化供给力，文化消费力与文化生产力构成了文化市场的供需系统，两者相互影响、相互促进。私人文化产品消费主要消费的是文化产业生产的文化产品（服务），公共文化产品消费主要消费的是文化事业生产的文化产品（服务），因此个人文化产品消费的提高对于文化产业生产的带动作用十分明显，而公共文化产品的消费能够进一步促进文化事业的发展，并且进一步提高文化事业发展的效率。与此同时，文化产业和文化事业的繁荣发展反过来能够促进整体文化消费水平的进一步提升。因此，文化消费力与文化生产力相互作用、互为依托。

文化环境力是文化力的基础要素力，包括经济社会环境影响力和文化资源环境影响力。首先，文化生产与消费需要经济社会环境影响力的支撑。文化生产、文化消费都受经济社会诸多因素影响，经济发展水平、城镇化水平等经济社会环境因素对于文化发展起着至关重要的作用。根据马斯洛需求层次理论，较为高等的精神需求需要消费者有一定的物质条件，当人在积累一定的物质财富，能够满足自身基本的物质需求的基础上，才会有条件满足自身文化需求，促进文化生产。其次，文化生产和消费还受到文化资源力的影响。文化资源力衡量了一个区域的文化资源禀赋。文化资源是文化发展的基础，通过文化资源的开发促进文化生产力、文化消费力的提高，进而提升整体文化力。外部文化环境力量的提升将会有效促进文化生产、文化消费从而达到促进整体文化力提升的作用。因此，本书基于研究将文化力分为文化生产力、文化消费力、文化环境力三个文化分要素力，用来反映不同内容层面的文化力。

文化力核心要素见图 2 - 1。

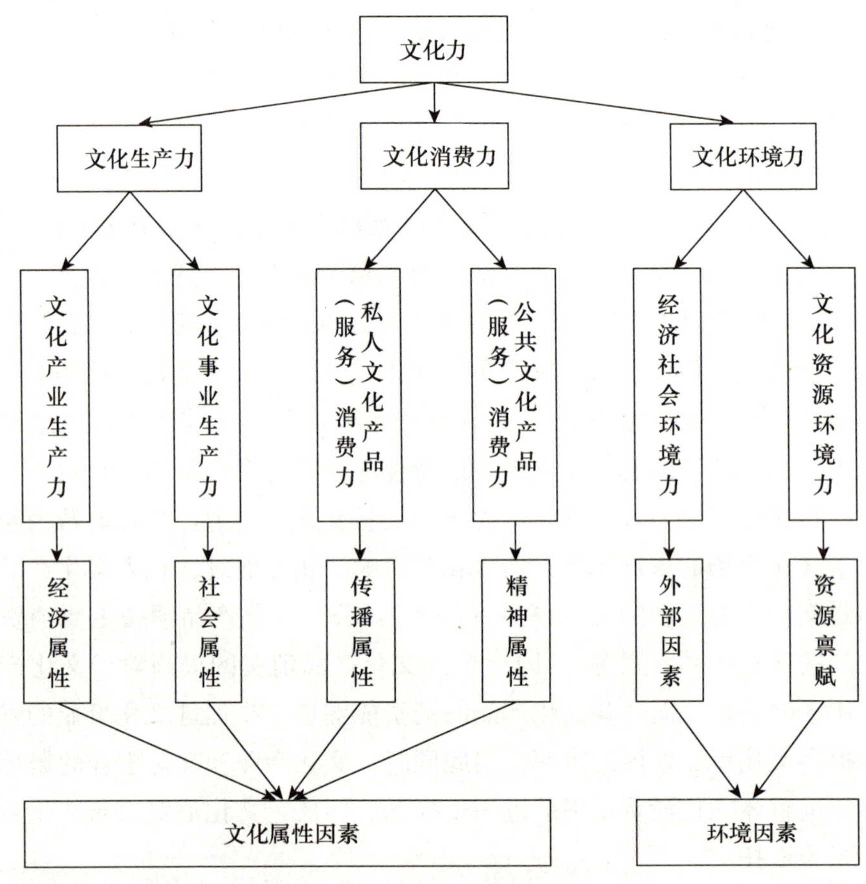

图 2-1　文化力核心要素图

2. 文化力的统计分析

从已有的文献中可以看出，文化力的研究还停留在理论探讨层面，从统计角度对文化进行实证分析的文献极少。本书兼顾经济理论研究与统计数据可得性对文化力进行研究，认为文化力包括供给侧的文化生产力和需求侧的文化消费力以及对文化生产力和文化消费产生影响的文化环境力三个核心要素。我国文化生产的统计数据按照文化产业数据和文化事业数据进行划分，文化生产力包括文化产业生产力和文化事业生产力，文化产业数据由国家统计局进行统计。我国全口径的文化产业只有 2004 年、2008 年、2013 年的数据，文化事业数据主要由文化部所属的事业单位上报到文化部，由文化部进行统计汇总。文化消费力主要包括私人产品（服务）文化消费力和公共产品（服务），私人产品（服务）文化消费主要消费文化产业生产的文化产品（服务），公共产品（服务）消费对应文化事业生产的文化产品（服务），这两部分数据分别由各地区统计局和文化部发布。文化环境力包括经济社会文化环境力和文化资源环境力，经济社会文化环境力主要包括对文化生产和文化消费产生重要影响的经济社会因素，这些数据由国家统计局和各个地区统计局进行统计，文化资源环境力主要用来衡量一个地区文化发展的资源禀赋，这一领域数据主要由文化部进行统计发布。

三、文化产业研究综述及理论分析

文化产业是文化生产的核心组成部分，文化产业力是文化生产力的核心组成部分。本节对文化产业过往研究进行梳理、总结，并对文化产业相关理论进行系统分析。

（一）文化产业研究综述

文化产业最初被称为文化工业（culture industry），这一术语由法兰克福学派的主要代表人物马克斯·西奥多·阿多诺（Theodor Wiesengrund Adorno）和霍克海默（M. Max Horkheimer，1948）首先提出。文化产业是指使用工业复制技术生产文化产品（服务），并且通过产业化运作的方式进行交换和传播。文化产业生产的产品（服务）表现出与其他大规模生产的产品（服务）一样的标准化、程式化、同质化等典型特征。霍克海默和阿多诺对于"文化产业化"这一现象持批判的态度，认为文化产业将导致文化产品过度批量化、格式化和标准化，而批量化、格式化、标准化的文化产品会破坏文化本身的个性。伴随着市场经济和现代工业经济的发展，文化的产业化生产发展迅猛，文化的经济属性日益体现。在经济系统之内，文化产品（服务）的生产和消费广泛进入市场交易环节，产生了有关文化产业、创意产业、版权产业、文化经济学、文化管理学的诸多研究理论。20世纪90年代后期，学者在文化产业的内涵研究上已经不再纠缠于形成上的价值判断，对文化产业的态度也趋于更加积极，慢慢地将文化产业与文化消费、文化产品等相关概念做意义链接，形成全新的知识谱系，比较有影响力的是美国学者斯科特（Allen J. Scott，2004）和贾斯汀·奥康纳（Justin O'Connor）对于文化产业的研究。斯科特提出，文化产业是为了满足消费者自我价值实现和社会交往等目的的生产，包括教育、娱乐等在内的人造产品的集合。贾斯汀·奥康纳认为，文化产业是经营具有文化价值的符号性商品的活动，符号性商品的文化价值决定了符号性商品的经济价值的多少。

我国文化的市场化与产业化发展过程与国外发展过程有所不同。新中国成立之初，由于我国实行的是计划经济体制，与此对应，文化体制也表现为事业性、公益性、福利性三位一体的计划文化体制。在计划文化体制下，文化发展表现为：第一，文化生产服务于政治安排。在这一时期，我国文化生产部门基本上为政府机关下属的事业机构，层层设立专业文化事业单位，所有制结构上实行单一公有制，生产资金来源于财政拨款。文化生产服务于政治运动，主要围绕“意识形态”建设展开，文化产品的政治色彩浓厚。第二，文化资源计划分配。依靠计划来对文化资源进行配置，文化产品由政府部门而不是市场定价，产品供需机制和价格机制基本不发挥作用。在计划文化机制下，人民群众的文化需求得不到有效满足。严格意义上讲，在计划经济时期，文化是由国家经营的一种“事业”，是国家为民众提供的一种“福利”，可以不计成本、不讲效益。在这一过程中，文化的经济属性、产业属性被严重忽视，市场机制在文化发展领域不发挥作用，因此这一阶段中国不存在现代产业经济学意义上的文化产业。新古典经济学从本质上来讲否定政府对于市场经济生产进行干预和调节，强调应更加充分地利用市场调节力量，认为完善的自由竞争市场机制是优化资源配置最有效的手段，能够使得各类经济活动在市场机制的作用下达到均衡，使各种资源得到合理配置。十一届三中全会后，伴随着我国改革开放的进行，文化体制改革揭开序幕，以市场化为导向的经济体制改革为文化的产业化发展奠定了基础。

我国文化产业的概念在2000年的十五届五中全会上首次提出。文化产业的出现，使得传统计划文化体系之下文化产品的生产、分配完全由政府统包统管的模式被打破，文化产品供给从依靠政府意志到依靠价格机制、供求机制、竞争机制协调发展，充分发挥市场机制充分配置文化资源的基础性作用，文化的“产业化”发展路径逐步得到社会认可并上升到国家的战略层面。2009年，《文化产业振兴规划》进一步将文化创意产业纳入重点发展产业的行列。随着我国社会主义市场经济的逐步完善，文化产业的“经营性”“经济属性”逐步展现，与文化事业的“公益性”“福利性”特质有了明显的区别，文化产品的商品价值被社会所承认。文化产品（服务）通过文化市场交换进入消费领域，文化产品（服务）的生产转变为商品（服务）生产，文化产品（服务）生产不再单是为了政治目的而是为了满足人民不断增长的精神文化需求。我国文化产业逐步发展成为以市场为导向，以产业化为基础，以高科技为依托，以盈利为目的，根据工业化标准进行规模化、专业化、市场化、连续性生产，通过文化市场提供具有标准化特征的文化产品和文化服务的产业，因此我国的文化产业是文化市场化、产业化不断发展的产物。由于我国文化产业特殊的发展路径，相较于国外对文化产业的丰富研究，我国的文化产业研究起步较晚，对文化产业、文化生产的概念研究始于1979年以来的经济学关于“精神产品”和“知识价值”的讨论。孙长宁、沙吉才、曾五一（1979）基于马克思主义文化观，认为物质生产决定精神生产，同时精神生产通过精神产品对物质生产起反作用，比如部分精神生产产出的产品能够提高劳动者的文化程度、科学知识甚至改善劳动者的精神面貌，产生人力资本溢出效应，极大地提高物质生产的劳动生产率①。李向民（1986）沿着孙长宁、沙吉才、曾五一三位学者的研究路径，提出精神产业是提供精神产品的活动。这一研究认为，精神产业应当具有生产以及再生产的“产业性”，并且将精神产业的概念与市场进行链接，提出精神产业的精神产品是通过市场进行生产、交换以及消费。李建中（1988）首次提出了文化事业与文化产业的分类，认为文化产业与文化事业的生产目的不同。谢明家（1995）认为，文化产业是指精神产品（服务）的生产、再生产、交换、传播、消费等活动，文化产业活动是通过信息化、工业化、商品化的方式进行的。文化之所以能够成为产业，是由其生产方式和消费对象所决定的。从生产手段上来看，精神文化领域生产方式的革新是由物质领域生产工具的技术性革命决定的；从流通途径上来看，文化产业的核心要素是文化、知识、科技等，这些要素的流通技术手段与其他产品相比，具有速度快、范围广的特点。在市场经济条件下，借助于工业化、商业化和科技力量，文化已经成为世界范围内的超级利润产业。同时，随着文化产业的高速发展，人们逐渐形成文化是推动现代经济社会发展核心要素的意识，文化不再仅仅是经济、政治的附属物。苑捷（2004）对于各个国家文化产业的概念进行总结，认为各国官方都认同文化产业概念的多重含义，文化产业并没有形成统一的界定，各个国家根据各自的文化、历史背景对文化产业概念有着不同的理解，对文化产业所涵盖的范围也有不同的界定。徐浩然、雷琛烨、王亚川、胡正荣、金元浦、张胜冰等学者对于文化产业、文化创意产业领域的内涵和发展情况也做了许多研究。

由于国情和文化背景存在差别，各个国家和各个国际组织对文化产业的定义有所不同，文化称谓也有所不同，文化产业又被称作“文化工业”“大众文化”“版权产业”“创意产业”“媒体文化”“内容产业”等，各个国家和各个国际组织根据自身的实际、发展重点、文化发展政策对文化产业进行不同定义，所涵盖的领域也有较大的区别。表2-3中为世界主要国家及组织界定的文化产业涵盖范围。

---

① 孙长宁，沙吉才，曾五一．试论社会主义精神生产［J］．经济研究，1979（6）：14-16.

表 2-3　各国及国际组织对文化产业范围的界定

国家或组织	文化产业称谓	文化产业所包含范围
英国	文化创意产业	文物艺术交易、时尚、设计、电影、艺术、休闲、音乐、电视、广播、表演艺术、建筑、古董市场、手工艺、出版和软件等行业
美国	版权产业	核心版权产业、交叉版权产业、部分版权产业、边缘版权产业①
欧盟	内容产业（2000）	生产、开发、包装、销售信息产品（服务）的产业，包括报纸、书籍、杂志等纸质媒介内容行业；电子游戏、电视、电影、音乐、数字软件等数字媒介内容行业
中国	文化产业（2004 分类）	核心层、外围层、相关层②
中国	文化产业（2012 分类）	文化产品的生产活动、文化产品的辅助生产活动、文化用品的生产活动、文化专用设备的生产活动③
联合国	文化产业（1993 分类）	文化产品核心层、文化产品相关层、文化服务核心层、文化服务相关层④

从国内研究来看，对文化产业的范围和内涵也存在诸多的争议，在我国的文化体制改革之初，按照是否以盈利为目的的划分标准将文化生产分为“经营性文化产业”和“公益性文化事业”，并且根据文化生产的二分法明确了文化产业和文化事业的区别和不同改革目标。文化产业理论界学者根据我国文化的发展实际，基本上形成统一的观点，认为文化产业仅包含体现文化“经济属性”的文化生产，文化产业强调了文化企业按照市场经济规律运作，生产目的是获取最大的利润。与文化产业相对，文化事业是体现文化“社会属性”的文化生产，文化事业生产的目的是保障公民的文化权益以及基本的文化需求，文化事业单位是需要政府或者社会资金扶持的非营利的公共文化服务活动的提供者。但是从数据统计研究来看，我国国家统

① 美国核心版权产业包括电影和录音业、表演艺术、娱乐业、出版、广播等；交叉版权产业包括电信业、游乐、赌博、体育等行业；部分版权产业包括玩具、建筑等行业；边缘版权产业包括文化相关设备生产和维修等行业。

② 核心层包括出版发行、新闻出版、电视广播、文化艺术四个大类，涵盖电视、电影、娱乐、报刊、新闻、文艺表演、文物及文化保护、文化研究、图书馆、档案馆、艺术表演场馆等；外围层包括网络文化服务、文化休闲服务等，涵盖网络、休闲、健身、娱乐、旅游、广告、文化中介代理、会展等；相关层包括文化用品、设备等文化相关产品的生产与销售，如印刷、影视、游艺等器材和设备及乐器和玩具的生产和销售等。

③ 文化产品的生产活动包括新闻出版发行服务、广播电视电影服务、文化艺术服务、文化创意和设计服务、文化休闲娱乐服务、工艺美术品生产等活动；文化产品的辅助生产活动包括文化经纪代理服务、文化出租服务、会展服务等活动；文化用品的生产活动包括玩具、乐器、办公用品、视听设备、文化用化学品的生产、销售等活动；文化专用设备的生产活动包括电视、电影、广播、印刷、舞台照明专用设备等专业设备的制造与销售等活动。

④ 文化产品核心层包括音乐和表演艺术、印刷品、文化遗产、视觉艺术以及视听媒介业；文化产品相关层包括电视机和收音机、音乐、广告、影院和摄影、新型媒介、建筑和设计；文化服务核心层包括视听和相关服务、娱乐文化和运动服务、个人服务；文化服务相关层包括广告、市场研究和民意调查、建设工程和其他技术服务、新闻机构服务。

计局从更为广义角度对文化产业进行了定义，认为文化产业包括了国民经济行业中与文化相关的所有社会经济活动，并没有针对文化生产目的等进行文化产业和文化事业的分类。文化产业统计分类是对所有具有文化属性的社会经济活动的分类，包括市场主导的企业经营性文化活动，也包括政府主导和社会其他机构参与的公益性文化活动。

（二）文化产业理论分析

1. 文化产业特征分析

文化产业与文化一样，没有权威而又统一的概念，本书研究的文化产业是指通过文化市场生产和提供文化产品（服务）以满足人们文化需要的经济活动。从经济功能上来说，文化产业具有资源依赖性低、生态破坏性小、财富含金量高等优点。从社会功能上来说，文化产业具有传播价值观念的功能，能够起到教化广大民众、增强社会认同、维护国家文化安全等功能。总体来看，文化产业的特征包括以下几点。

（1）文化产业发展遵循市场经济机制，追求利润最大化。

文化产业发展方式是以企业为主体，以市场为纽带，遵循价格机制、供求机制、竞争机制等市场经济机制，以利润最大化为生产目的。文化产业的发展就是使得文化产业体系与市场经济相适应，在市场经济机制下借由市场的力量对文化资源、生产要素进行优化配置。通过企业运作和市场行为，遵循供求机制、价格机制、竞争机制等市场经济机制，将文化活动中的生产者、经销商、消费者等不同参与者联系起来，使文化得以通过文化产品（服务）的消费过程来实现文化价值的传播，并转换为市场经济中的商业价值，把文化生产转化为对文化资源的开发，通过文化消费获得收益。

（2）文化产业属于创新密集型产业，具有内生收益递增性。

传统的经济学认为，生产遵循边际生产力递减规律（the law of diminishing returns/the law of diminishing marginal utility），在技术水平和其他给定要素不变的情况下，一开始加大生产要素的投入会使得总产量的增量增加，但是超过一定限度时，总产量的增量将会递减。和传统产业不同的是，文化产业主要以符号性商品作为生产与经营对象，具有内生收益递增的性质。文化产业的特殊性主要是因为文化产业具有创新密集和知识密集的特征，文化产业以信息、知识、文化资源作为资本要素投入，大大减少了对自然资源的高度依赖性，而创意、信息、知识、文化资源具有可重复利用、复制成本低等特点，即信息技术、互联网技术、移动通信技术等在文化领域的广泛应用，使得文化产品可以在短时间内大量复制和传播，并且复制和传播的成本相较于初始成本大大降低，使文化产业有内生的收益递增性。

（3）文化产业渗透性强，具有溢出效应。

文化产业在地域之间和产业之间会产生溢出效应。从地域溢出效应来看，文化、知识、创新、信息资源等要素是文化产业的核心生产要素，文化产业通过文化、知识、信息传播、人员流动等途径可以对其他空间的文化产业的发展产生影响。从历史经验上来看，文化产业强的地域在地理位置上呈现聚集的态势，因为文化产业强的区域会通过知识、文化、信息、技术传播等途径带动相邻区域，对于自身区域之外的区域产生积极的影响效果，文化产业所具有的空间溢出效应在相近的区域之间相互影响的程度会更高。从产业溢出效应来看，文化产业生产的是一种承载着文化内涵的符号产品，文化产业与传统产业进行融合，能够将文化元素融入传统产品的生产中，增加传统产业的文化附加值，对相关联产业具有积极正向的推动作用，同时文化产业的产业链条长、产业关联性强，因此文化产业的发展能够产生综合联动作用，促进社会整体经济数量、质量显著提升。

（4）文化产业初始研发成本高，具有规模经济效应。

文化产业具有规模经济效应，即文化产品的长期平均成本随着产量的增加不断下降。以游戏光盘生产为例，随着发行量的增加，光盘的生产单位成本将会不断下降，厂商可以充分享受规模经济。之所以出现这种现象，与文化产业的特殊的成本结构相关，文化产业具有固定成本较高、复制成本低的特点。按照联合教科文组织发布的文化产业标准，文化产业应当具有产业化特性，即大规模、批量地按照工业化标准生产文化产品（服务），才能够被称为文化产业，一些零散的、没有形成生产和再生产的小规模文化产品（服务）生产过程不能够被称为文化产业。在文化产品生产出最终产品之前，要求企业投入高额的研发资本，但是一旦文化产品研发成功，文化产品的复制成本十分低，因此文化产业发展必须通过规模化、商业化运作来扩大其文化产品（服务）的影响力以及收益，通过有效的规模化、市场化和产业化组织形态对可经营的文化资源进行可持续的简单再生产和扩大再生产。

2. 文化产业统计研究

1986 年，联合国教科文组织制定了文化统计框架，但由于我国当时文化产业发展处于初期阶段，联合国教科文组织制定的文化统计框架与我国文化产业实际发展不符，不能作为我国可以借鉴的文化产业统计标准。在 2004 年之前，我国统计部门以及行政管理部门对于文化产业分类都进行了研究，但是没有形成统一的分类，在这一时期也没有综合的文化发展相关统计。文化统计发展的不成熟源于文化产业在我国处于发展的初期并且处于一个动态发展变化的过程。

由于文化产业统计一直没有能够纳入国家常规统计制度，同时也没有一套协调统一的统计指标框架，所以文化产业的统计工作是根据各个文化行政部门的管理需要而安排设置的，各个文化行政部门的统计工作也没有统一的统计指标体系框架和统一的管理，这一时期的文化产业统计数据是各地区各部门按照各自的理解进行统计，并根据各自的需求进行收集测算。文化产业常规统计制度、统计指标体系以及统计发布制度的缺乏，导致文化产业统计中各区域、各部门按照各自的需要以及理解采用不同的指标体系，各地区各部门文化产业统计数据的标准不统一，不具有可比性。因此，2004 年之前的文化产业数据统计比较混乱，不能够系统、准确、及时地反映我国文化产业发展情况，学者在这一时期的文化产业研究集中在文化产业内涵、文化产业意义、文化生产力等定性研究和宏观研究，具体的定量研究和微观研究如文化产业效率评价、文化产生力评价、文化企业产业结构研究较少。2004 年，国家统计局在《国民经济行业分类》的基础上首次发布《文化及相关产业分类》标准，具体将文化产业分为核心层、外围层和相关层，其中核心层和外围层是文化服务，是文化产业的主要内容。核心层主要是指传统意义上的文化产业，包括两方面内容：一是指行业活动比较传统的、被公认为最主要的文化生产和服务活动。二是行业活动中在计划经济中多由政府文化行政管理部门主管主办，依靠公共财政支撑的非盈利文化事业单位的活动，这一部分主要指传统意义上的文化产业，包括新闻、出版、图书馆和博物馆、电视、广播、艺术表演团体等。外围层主要是指改革开放后和市场经济发展中文化生产（服务）的新业态，包括网络、休闲、娱乐、旅游、广告、会展等新兴的文化产业。相关层是指文化硬件设备制造和服务行业，具体包括印刷设备、影视设备、游艺器材、乐器、玩具的生产和销售等，这一部分是文化产业链的延伸部分。文化产业主导部分的核心层和外围层被称为“文化服务”，文化产业延伸的相关层被称为“相关文化服务”。2004 年后，国家统计局对规模以上工业、限额以上批发和零售业建立完善的常规统计调查制度，但是对于文化产业中大量存在的服务业企事业单位没有建立常规的统计调查制度，这些文化企业在非经济普查的年份没有可靠的数据来源，统计数据是通过抽样调查采集获得的。

2010 年 1 月，中宣部提出了《关于建立经常性文化产业统计制度的建议》，要求国家统计局建立常规性文化产业统计制度。2010 年 9 月，国家统计局制定了《文化服务业财务综合统计报表制度》，对文化服务业的统计范围、统计指标、统计口径、报送时间等进行了规定，此制度作为国家统计制度在全国试行。2011 年，国家统计局根据2010年的《文化服务业财务综合统计报表制度》的执行情况，对于文化产业统计制度进行第一次修订，制度名称调整为《文化及相关产业统计报表制度》。2011年9月，国家统计局增设社会科技和文化产业统计司，同年10月建立文化产业统计处，专门负责文化产业的统计工作，文化产业统计工作进一步规范。随着文化产业的快速发展以及科技水平的不断进步，文化与科技相融合，产生了诸多新的文化业态，如数字内容产业、网络内容产业、移动互联等，这些业态使得文化产业的内涵和外延都有所变化和调整。

2009年，联合国教科文组织发布了新的文化统计框架，新的统计框架融入了新的文化业态，与1986年的统计框架相比，新的统计框架兼顾了发展中国家的文化发展特殊性，成为衡量文化发展情况的基础性文件。随着时代的发展，2004年的《文化及相关产业分类》已经不能够反映文化产业内涵和外延的变化，不再符合新时代的发展。2012年，国家统计局吸收联合国教科文组织《文化统计框架2009》的新内容，对《文化及相关产业分类2004》进行了系统的修订。通过修订，进一步使我国的文化产业统计标准符合国际标准和规范。由于文化产业的发展，文化生产活动很难分清是核心层、外围层还是相关服务层，新版分类取消了旧版分类中文化产业的三个层次的划分，国家统计局颁布的《文化及相关产业分类2012》将核心层、外围层和相关层改为“文化产品的生产”和“文化相关产品的生产”，同时增加包括文创、文化数字服务、文化特色产品服务等在内的文化新业态内容。新版分类中将文化产业分为四个方面：一是以文化为核心内容，为满足人们的精神文化需求而进行的创作、制造、传播、展示等文化产品（服务）的生产活动；二是为实现文化产品生产所必需的辅助生产活动；三是为文化用品的生产活动（包括制造和销售）；四是为实现文化产品生产所需专用设备的生产活动（包括制造和销售）。其中，第一层文化产品的生产活动是主体，其他三个方面是补充。随着我国文化产业统计规范的不断完善，各区域的文化产业统计口径逐步统一，各个区域的文化产业数据具有可比性，进一步促进理论研究与文化产业生产实践相结合，文化产业研究的重点从单纯定性的研究逐步转移到定性与定量相结合的研究。

四、文化事业研究综述及理论分析

文化事业是基于我国文化发展实践而产生的词汇，根据我国文化生产二分法，文化事业与文化产业一样，是文化生产的重要组成部分，其中文化事业力体现的是文化中满足人民基本文化需求和保障基本公民文化权益的公共文化产品（服务）供给能力。本小节从文化事业已有研究进行梳理，对文化事业理论研究及文化产业和文化事业关系进行系统的分析。

（一）文化事业研究综述

“事业”一词在《辞源》上的解释是：人们为了一个具体的目标从事对社会发展有影响的规模、系统、经常性活动。事业与企业的区别是事业由国家经费开支、不进行经济核算，具有非盈利性。文化事业这一概念产生于我国文化发展实践，在国外的研究中，与之相近似的词汇是非营利文化产业。学者 Cliff 和 Goddard（2005）根据文化产业中生产目的的不同，将文化产业分为非营利文化产业和营利文化产业，非营利文化产业的发展需要通过政府财政、税收、法律等手段推进，由政府和非营利组织主导。我国文化事业发展主要着力于构建公共文化服务体系，文化事业生产的主要目的包括：维护人民群众的基本文化权益、满足人民群众的基本文化需求、丰富人民群众的社会文化生活、引导人民群众的公共性文化消费、提升人民群众的生活品质、提高人民群众的思想道德水平和科学文化素质，其中保障人民群众的基本文化权益和满足人民群众的基本文化需求是核心目的，因此文化事业是文化“社会属性”“公益属性”的具体体现。文化事业运行机制与文化产业的运行机制不同，它的运行并不是以获取参与者的经济利益为目标，而是以社会效益为主要目标，体现了文化的超物质性和超功利性。近年来，我国政府出台了一系列促进文化事业发展的相关政策。2005 年 10 月，国务院提出了“加大政府对文化事业的投入，逐步形成覆盖全社会的比较完备的公共文化体系”的意见。同年 11 月，中共中央办公厅、国务院办公厅提出“加强文化基础设施建设，构建公共文化服务体系，实现和保障农民群众的基本文化权益”的意见，“公共文化服务体系”这一表达首次在政府文件中出现。2011 年 3 月，第十二个五年规划纲要中提出将公共文化纳入基本公共服务领域，并且将进一步提升“基本公共服务水平”纳入政府发展目标。2011 年 10 月，党的十七届六中全会提出，按照公益性、基本性、均等性、便利性的要求满足人民基本文化需求是社会主义文化建设的基本任务；应当坚持政府主导，加强文化基础设施的建设，完善公共文化服务网络，让群众广泛享有免费或者优惠的基本公共文化服务。2012 年 7 月发布的《国家基本公共服务体系“十二五”规划》中提出：“围绕建设社会主义核心价值体系和满足城乡居民精神文化需求的要求，坚持公益性、基本性、均等性、便利性，建立健全公共文化服务体系，扩大公共文化产品和服务的供给。”文化事业主要通过搭建公共文化服务体系来实现，因此公共文化服务也逐渐成为研究的热点。对于公共文化服务的研究也分为广义和狭义，李景源（2007），蔡辉明（2008），周和平（2008），周晓丽、毛寿龙（2008），陈威（2011）等学者从经济学狭义的角度，主要基于公共产品属性研究公共文化服务，狭义角度的公共文化服务是现代政府公共服务体系的重要组成部分，它是指由政府主导并由文化事业单位生产或提供的文化产品和服务，公共文化服务的生产目的是满足公民的基本文化权利、满足公民的基本文化需求、提高公民文化素质和文化生活水平等，公共文化产品（服务）应具有公平性、均等性、便利性、多元性、普及性、公益性（免费性）、非竞争性、非排他性等特点。公共文化服务的具体内容包括提供公共文化设施（如图书馆、博物馆、文化馆、美术馆、文化活动中心、音乐厅等），提供公共文化产品（如电视、广播等），提供公共文化服务（包括公益性艺术演出、文化活动、文化素质培训）等。另一些学者从广义的角度对公共文化服务进行定义，包括张晓明（2008），夏国锋、吴理财（2011）等学者从管理学的角度研究公共文化服务，认为从广义上来讲公共文化服务不仅仅包括政府或文化事业单位等公共部门所提供的供公民消费的公共文化产品（服务），还包括政府对公共文化的建设、管理、运行和规范的全过程，比如政府在文化建设和发展中提供的文化政策服务（包括文化相关法律、法规、政策等）和文化市场监管服务等。

（二）文化事业理论分析

1. 文化事业特性分析

文化事业是基于我国特有的文化生产二分理论产生的词汇。本书认为，文化事业是指通过搭建公共文化服务体系生产和提供公共文化产品（服务）的活动，文化事业的核心生产目的是保障人民的文化权益和满足人民的基本文化需求，具有“公益性”和“福利性”，是文化社会功能的重要体现。文化事业的存在是由于一部分文化产品具有公共产品性和极强正向的外部性，这一部分文化产品由文化产业提供会存在低效的问题。

（1）公共产品性。

学术界根据产品属性是否具有竞争性和排他性，将社会产品分为公共产品（public good）、私人产品（private good）和混合产品（准公共产品）三类。竞争性是指消费者可以阻止其他消费者与其同时消费同一文化产品（服务）。排他性是指人们能够合理地阻止某类消费者（比如未付费的消费者）消费某种文化产品（服务）。经济学家保罗·萨缪尔森（Paul Samuelson）认为，非竞争性和非排他性是公共产品具有的特征。非竞争性表现为一部分人对于某一产品的消费不会影响其他人对于该产品的消费，受益的对象之间并不存在利益的冲突，也就是说，一些人从这一产品上受益不会影响其他人从这一产品中受益。非排他性表现为在消费的过程中，产品产生的利益不能够为某一个人或者某些人专有，要排除某些人于这个消费过程中之外并不让这些人享受这一产品的好处是不可能的。所谓私人产品，就是在市场机制运行过程中一类产品的概括，是在消费上的竞争性和受益上的排他性的产品，从这个意义上来说，纯粹的私人产品一旦被消费或使用，就不可能再被他人所用；公共产品与私人产品相对，是在消费上具有非竞争性和非排他性的产品。詹姆斯·布坎（James Mcgill Buchanan，1978）提出了准公共物品理论，认为萨缪尔森定义的公共物品和私人物品都是一些极端现象，萨缪尔森定义是“纯公共产品”以及完全由市场来决定的“纯私人产品”，而现实中大量存在的是准公共产品，准公共产品只有排他性或者只有竞争性介于公共产品和私人产品之间的商品。

公共产品所具有的非竞争性和非排他性，使得每一个消费者都想免费地使用公共产品，因此可能会出现搭便车的现象，搭便车行为的存在会导致市场失灵，使得公共产品市场失效。因此，公共产品总的来讲不能完全依靠市场发挥作用它不能由企业和个人来提供，多数情况下由政府部门提供。政府提供公共产品能够在一定程度上弥补市场失灵，促进资源的优化配置。

公共文化产品视角下的文化事业是生产与提供公共文化产品（服务）的活动。这是因为文化产品的多重属性决定了文化产品的提供方式不能够局限为一种。文化私人产品的供给可以采用市场的形式进行提供，市场通过供求机制以及竞争机制来优化资源配置，实现供给与需求的均衡，但文化产品对于社会和谐稳定和整体国民素质有重要的综合影响，若是都通过市场提供，很可能因为私人产品的竞争性和排他性损害人民群众的基本文化权利和公共利益。因此，有一部分文化产品需要通过政府介入，由文化事业提供。文化事业所提供的公共文化产品（服务）具有非排他性与非竞争性的特点，既没有人能够阻止其他社会成员对公共文化产品的消费，同时也不会因为他人消费了公共文化产品导致其他社会成员无法获得该文化产品的使用权。具体来说，文化事业提供的文化产品的非竞争性表现在广播、电视等公共文化产品可以供多个消费者共享，并且这种共同消费不会降低任何消费者的使用效用。文化事业所提供的公共文化产品的非排他性具体表现在一些文化基础设施，如文化馆、博物馆、图书馆、文化活动中心，这些基础设施是为了保障公民基本的文化权利而设置的公共文化产品，不具有排他性。

（2）外部性。

外部性又称溢出效应，分为正外部性（positive externality）和负外部性（negative externality)。其中，正外部性又称外部经济，是指某个行为的实施能够为他人或社会带来外部收益，而受益者无须花费代价，行为实施者却不能得到相应的补偿；负外部性又称外部不经济，是指某个行为的实施能够为他人或社会带来外部成本，而造成负外部性的行为实施者却没有为此承担成本，受害者也不能够得到补偿。外部性会导致市场失灵，影响市场对资源的配置，导致资源配置缺乏效率。因此，政府需要通过财政、行政、法律等手段对外部性进行干预，进而使资源配置达到或接近社会最优水平。

文化的正外部性表现在以下三个方面：第一，文化具有传播效应。当消费者消费电视、广播这些文化产品（服务）时，其他人也能从这种消费中获益。通过传播文化，能够满足人的精神需求，同时在文化产品的消费过程之中消费者的文化素质以及道德修养能够得到提升。第二，文化具有经济效应。文化的正外部性会促进社会经济的发展，发展文化事业能够提升整体国民道德文化素质、促进社会和谐、输出大量优秀人才，对于一个地区的社会经济整体发展具有积极的正向作用。第三，文化具有未来效应。当前的文化能促进后代产生更多的文化，同时文化向后世传承是文化产品正向效应的另一个重要方面。通过文化传承，当代的文化并不会全部消失，而是会传给后代，给予后代文化的享受，因此发展文化具有正向的未来效应。文化外部效应的存在同样会导致信息不对称、信息不充分、市场失灵、供给不足等问题，外部效应问题只有加强政府干预，通过公共决策而不是通过市场机制来解决。文化产品的公共产品性和正向外部性决定了文化事业存在的必要性，一些文化产品（服务）如教育、科研、公共文化基础设施等的公共产品性越强，政府进行干预的力度就应当越强，同样的，当公共文化产品（服务）的正向外部性越强，政府进行干预的力度就应当越强，使得文化产品的正向外部性得以发挥作用。

2. 文化事业的统计研究

我国文化事业统计比我国文化产业统计发展的时间要长，这是由于从新中国成立初期开始到我国文化体制改革之前基本没有产业经济学意义上的文化产业，主要是以政府主管、脱离市场经营、利用国家资源发展的“公益性”文化事业为主，因此，文化事业统计制度与文化产业统计制度相比更为健全，文化行政管理部门直接从下级文化事业单位获取反映文化事业相关统计指标的数据，定期发布文化事业统计数据。在文化体制改革之后，我国文化事业统计范围也发生了变化，部分文化事业单位在文化体制改革之后变成了经营性文化企业，由文化事业统计的统计对象变成了文化产业统计的统计对象，尤其我国国家统计局出台的《文化及相关产业分类2004》和《文化及相关产业分类 2012》都是按照联合国教科文组织发布的《文化统计框架》设计的，对于文化产业和文化事业并没有进行系统的分类，文化事业的统计对象包含在文化产业统计的范围之内。但我国一些行政管理部门由于自身管理的需要，对于一些仍由政府主管、脱离市场经营的、延续计划经济时代的文化事业单位包括图书馆、博物馆、文化馆、新闻出版、教育科研、传统文化保护等仍进行系统的统计工作。在新的统计制度下，文化事业统计与文化产业统计有所联系也有所区别。两者的联系体现在文化产业统计包含了体现文化社会属性的文化事业活动情况，文化事业统计中也包括有市场行为的文化企业单位活动，两者的统计范围有所交叉。两者的区别在于两者的统计角度不同，文化产业统计偏重于体现文化经济特征，主要统计文化企业的经济活动，文化事业统计更加偏重于体现文化社会属性，主要统计由政府主管的文化事业活动。文化产业统计数据主要由国家统计局发布，由于之前没有建立规范的统计制度，因此全口径文化产业数据只有在经济普查年才有；文化事业数据主要由行政管理部门如文化部定期发布，文化事业的数据比较连贯。从统计内容上来看，文化产业统计包含的对文化事业单位的统计主要集中在财务指标统计上，而文化事业统计对于文化事业单位各项业务活动进行系统分类，包括对文艺演出、培训等进行详细统计，并且对文化事业单位的人、财、物、产品进行了更为系统、详细的量化，更能够全面反映我国公共文化服务体系的整体发展情况以及提供公共文化产品的能力，而在文化产业统计中对于这些内容并没有进行系统的统计。因此，文化产业统计与文化事业统计互为补充，不可互相替代。

3. 文化产业和文化事业的区别与联系

从我国的文化生产实践来看，文化产业和文化事业都是国家文化体系的重要组成部分。根据我国文化生产的二分法，文化产业的发展着力强调提高文化的产业化生产能力，文化事业的发展主要强调提供公共文化产品（服务），两者既相辅相成，又有所区别。

（1）文化产业与文化事业的区别。

文化产业是以市场化、产业化方式生产和提供文化产品（服务）的经营性行业，是文化的经济属性的一种表现形式。通过文化企业运作，一部分文化资源的文化价值转化为市场价值，在文化产品（服务）消费的过程中实现文化的社会传播和经济价值。文化产业的性质主要是指文化产品（服务）的生产、流通和消费具有商品经济的一般特性，其产业特性主要表现为追求最大的经济效益。文化事业不以盈利为目的，一般不纳入市场化、产业化轨道。文化事业发展利用国有资产，由国家机关、事业单位或者其他非营利组织举办。文化事业主要负责建设和管理社会的公益性文化，它是文化的社会属性的表现，具有文化导向性、公共服务性、公益性、非营利性等特征。文化事业即“公益性文化事业”，体现文化的社会属性，这里的“事业”体现的是公共责任、公共产品的概念。

总体来看，文化产业与文化事业有三点不同。第一，文化产业与文化事业在发展目的上有所不同。从发展目标上来看，文化产业以生产和提供文化产品（服务），追求实现经济价值和创造最大化利润，为国民经济的发展和经济建设创造、积累财富；文化事业旨在提高人们的思想道德和科学文化素质，为社会提供正向积极的公益性文化服务，以社会效益为第一要务。简而言之，文化产业追求“利润最大化”，而文化事业追求“社会效益最大化”。第二，生产产品不同。文化事业主要依靠政府财政拨款来生产满足公众社会效益的公共文化产品，文化产业使用经营性文化资源生产私人文化产品。第三，资金来不同。文化产业的成员主要是企业单位，资金主要来源于社会资本或者多元化的混合资本，文化事业的主要成员一般是政府部门附属的事业单位，资金主要来源于上级政府的拨发。基于我国文化生产实践，在大文化产业的框架下正确认识和区分文化事业和文化产业，对于进一步厘清公益性文化事业和经营性文化产业关系，研究两者相互之间的促进机制，同时对于促进文化产业、文化事业更加健康、快速、高效发展具有重要的价值。

（2）文化产业与文化事业的联系。

从最为广义的产业经济角度来看，文化事业和文化产业都属于大的文化产业的范畴。在广义角度下，文化产业包括了国民经济行业中与文化相关的所有社会经济活动，包含所有具有文化属性的社会经济活动，既包括市场主导的企业经营性文化活动，同时也包括政府主导和社会其他机构参与的公益性文化活动。只是在我国的文化实践中，一个突出特点就是文化二分化，按照是否具有“经营性”和“营利性”属性对文化事业与文化产业进行区分，根据这一区分给予不同的政策支持，并且设定了不同的改革方向和目标。因此，考虑我国特有的文化建设实践和相对独有的话语概念，才将公益性文化生产称为文化事业，将经营性文化生产称为文化产业，文化事业与文化产业都是我国文化生产的重要组成部分，同属于文化的供给侧。

文化产业与文化事业之间互为促进。文化产业伴随我国市场经济的发展并且依靠产业化力量而迅速发展。文化产业虽然提高了文化生产效率，但是其消极影响也不容忽视。文化产业的特征之一就是将利润最大化作为文化生产的核心目的，这一特征使得文化产业容易过分注重经济效益而忽视社会效益。文化中不可以、不便于用产业的方式运作的那一部分就可以称为非经营性文化，比如图书馆、博物馆、文化馆、义务教育、学术研究、文化艺术等公益性文化，它们在市场竞争中由于公共文化产品属性和强外部性而处于不利的位置。公益性文化具有经营性文化所不能替代的功能，是社会生活中不可缺少的东西，是民族进步以及国家发展的动力。一方面，文化事业是文化产业的基础，文化事业能够为文化产业的发展提供支持。我国当前文化产业发展需要大量高素质文化人才、高品位和艺术水准的文化消费者、高水平的文化基础设施、严格的文化市场管理和执法、扎实的科学技术创新，这些条件都有赖于不以营利为目标的文化事业的发展。因此，文化事业对于文化产业的支撑力不足会严重限制文化产业的发展。另一方面，文化产业发展反过来也促进文化事业发展。文化产业繁荣发展会吸引更多的资本、人才等资源进入，在资本和人才聚集的作用下，通过创新生产更多符合不同群体、不同需求的文化产品和服务。文化事业单位能够拓宽文化产品（服务）选择范围，提供更好的公共文化产品（服务），进一步提高文化事业发展的效率。文化产业与文化事业同为我国文化供给侧的核心组成部分，因此提高我国整体文化实力以及文化生产力要同时发展文化产业与文化事业，一方面要积极推动文化产业蓬勃发展，使其成为国民经济支柱性产业，另一方面要大力发展文化事业，进一步健全、完善公共文化服务体系，满足人民文化需求，保障人民文化权益，促进文化产业和文化事业繁荣发展，为打造文化强国形成合力。

五、文化消费研究综述及理论分析

文化产品（服务）生产的最终目的是文化消费。只有通过文化消费，满足人民的精神文化需求，才能够体现文化生产的价值。本小节梳理文化消费已有研究，并对文化消费理论进行分析探讨。

（一）文化消费研究综述

国外对文化消费的研究如同文化产业的概念一样，经历了从被否定到被接受的过程。“文化工业”的提出者霍克海默和阿多诺认为，文化消费是被动消费的过程，文化工业所制造的文化产品是专门为了迎合大众消费，文化产业借助工业化力量复制产品，垄断市场，控制文化消费者的需要，这种“工业化”方式所生产出来的文化产品，从一开始就是为了在市场上销售，不能够称之为高雅文化“艺术品”，这样所谓的“文化消费”会消解文化特有的人文价值和独特性。凡勃伦（Veblen，1899）认为，文化消费是城市中高阶级的炫耀性休闲（conspicuous leisure）和炫耀性消费（conspicuous consumption），文化消费是为了释放“炫耀”的欲望而产生的一种阶级和权力的象征和卖弄。与凡勃伦的观点相似，布迪厄（Pierre Bourdieu，

1964）认为，文化消费是一种社会区分阶层的独特模式，这种说法暗含了文化消费水平由消费者所在阶层、所拥有的财富、所具有的权利所决定的观点。随着经济社会的发展，文化产业逐步被学术界认同，文化消费所具有的积极性和特殊意义逐步被发现，文化消费也逐渐被研究学者所认同。正如洛威尔所指出的："文化产品是一种满足来自幻想的需要而非肠胃需要的特殊的商品。"也就是说，文化消费满足的是人们的精神需求而不是物质需求。丹尼尔·米勒（Daniel Miller，1987）认为，文化就是文化生产和文化消费动态交互过程中创造出来的。文化生产和文化消费是主体和客体的关系，主体和客体二者缺一不可，即文化消费是一种创造文化的实践和过程。

国内对于文化消费研究的起点开始于"精神文化消费"，当时我国的文化产业被称为"精神文化产品生产"，因此早期的文化消费研究学者较多使用"精神文化消费"的提法。按照马克思主义文化观中将生产力分成精神生产力和物质生产力的方法，尹世杰（1992）将消费力也分为精神消费力和物质消费力。其中精神消费力是指消费者为了满足自身精神文化需要而消费精神文化产品（服务）的能力。尹世杰还提出了文化教育是第一消费力的观点。随着文化生产的蓬勃发展，过去"精神文化产品"的称谓逐步被"文化产品（服务）"所替代，文化消费的内涵和定义也发生了变化。米银俊、王守忠、孙浩（2002）认为，文化消费是为了满足文化生活需要或是为了自身发展而进行的文化产品（服务）消耗活动，文化消费主要包括三大类：教育提升类文化消费需求、休闲享乐类文化消费需求、精神艺术类文化消费需求。徐淳厚（1997）也将文化消费分为多个层次，具体包括：消遣享受型文化消费、社会交往型文化消费、智力提升型文化消费等。其中较低层次文化消费包括消遣享受型文化消费，较高层次文化消费包括社会交往型文化消费、智力提升型文化消费。张凤莲（2015）提出，文化消费是一个既包含文化因素又包含经济因素的综合性活动，其增长涉及经济社会发展的各个方面，既会产生社会效应、文化效应，也会产生经济效应、产业效应。

（二）文化消费理论分析

本书所研究的文化消费是人类为满足自身文化需求而对精神文化产品（服务）的享受、使用的过程，其实质是对精神财富（物质形态和非物质形态）的消费，这个过程也是精神财富的继承、消化、积累、创新再造的过程。文化消费具有以下特征。

1. 文化消费受经济社会发展水平影响较大

自古以来，文化消费就包含在人类的消费活动中。根据马斯洛的需求层次理论，精神需求是较高层次的需求，当经济社会发展水平极为低下时，人们的基本物质需求没有得到满足，精神消费被融合在人类较为低端的、生存性的消费之中，没有作为单独的消费需求显现出来。随着经济社会发展水平的提高，大多数社会成员具有了一定的经济支付能力和余暇时间，文化生产借助市场化、产业化的力量大量复制文化产品，原先仅仅为王公贵族和少数精英所享受的“贵族文化”逐步发展成为“大众文化”，原来作为显示阶层的“贵族文化消费品”逐步成为“大众文化消费品”，文化消费进一步提高。因此，文化消费是经济社会发展到一定阶段的产物，受经济社会发展水平影响较大。

2. 文化消费边际效用递增

文化消费是一个积累效应的过程，文化消费的积累在满足消费者精神文化需求的同时，也提升了消费者的文化素养，文化素养的提升进一步产生更多的文化消费需求。马歇尔认为，如果边际效用递减规律有例外，那就是一个人对于文化消费得越多，他对于文化的偏好不会递减，反而会递增。

本章小结

本章基于研究对象，对于区域文化力等相关理论进行文献梳理和概括。“文化之力”的表达方式包括文化力、文化软实力、文化竞争力等，其中文化力是从最广义的角度研究文化的作用力，文化软实力和文化竞争力都是文化力的组成部分。从既有的文献来看，由于文化本身含义的复杂性、模糊性和多样性，文化力没有权威的定义和成体系的理论分析，相关研究停留在理论分析层面且实证研究较少。本书从经济学供需的角度分析文化力构成的核心要素，认为文化力包括供给侧文化生产力、需求侧文化消费力以及文化环境力。文化生产力包括文化产业生产力和文化事业生产力，“经济属性”文化产业生产与“社会属性”文化事业生产相互影响，互为支撑。文化消费是文化生产的最终目的，文化生产的价值通过文化消费得以体现。文化消费水平受环境力影响较强。基于本章的理论分析，本书接下来将对供给侧文化生产和需求侧文化消费进行系统分析，其中从效率和公平两个角度对于供给侧文化生产及其影响因素进行分析，对文化消费水平及其影响因素进行分析，并根据文化生产、文化消费影响因素分析结果搭建以文化生产力、文化消费力、文化环境力为核心要素的文化力评价指标体系，对于我国文化力整体发展情况进行系统评估，建立我国文化力大数据库。

第三章　中国区域文化产业效率及其影响因素研究

文化产业是文化生产的重要组成部分。近年来，融合现代科学技术与文化创意的文化产业已经成为国民经济中最有活力、投资回报最为丰厚的领域，它具有低污染、低消耗、高产出、高效益的特点，同时具有科技创意含量高、吸纳就业能力强、发展潜力巨大、不受环境资源瓶颈制约等优势，被称为最具发展前景的“朝阳产业”“绿色产业”“黄金产业”“未来世界新的增长点”。文化产业不仅自身发展存在优势，它还具有乘数效应，这是由于文化产业具有极强的产业融合性与产业渗透力，能够带动相关行业共同发展。文化产业与其他产业的融合发展将文化要素渗透到当代经济发展的多个领域，使其他行业附加值及知识创意含量增加，促进相关行业整体健康发展。因此，文化产业发展不仅能够创造财富、促进就业、带动文化发展，还能够提升社会整体经济质量，增加经济的文化含量与文化价值，推动我国经济的长远发展。在我国经济建设重心从单纯注重数量到更加注重质量、产业经济结构亟须转型的大背景之下，大力发展文化产业已经成为实现我国经济可持续发展、转变经济发展方式、拉动内需、实现供给侧改革的重要着力点和新举措。文化产业对于经济发展的贡献度将会不断提升，文化经济化、经济文化化、经济文化一体化趋势将会日益明显。但是，我国文化产业由于起步较晚，在发展上存在国际影响力不足、发展效率低下等诸多问题。相比而言，美、英、法、德、日、韩、印等发达国家有着各自的文化产业优势和竞争实力，美国的电视制作产业、英国的文化创意产业、法国的时尚文化产业、德国的出版会展业、日本的动漫产业、韩国的游戏娱乐产业以及印度的电影业都已经具有极强的竞争力并形成国际性影响，而我国的文化产业还处于探索和初步发展阶段，各地区文化产业发展不平衡，文化产业发展受多种因素制约，没有形成世界性的影响。现代经济理论研究认为，效率的提升能够促进经济的长期增长，文化产业也符合效率提升能够促进文化产业发展的规律，因此本章从文化产业效率研究角度对文化发展效率进行科学评估，同时通过理论和实证分析探索影响文化产业效率的影响因素，以期为文化产业以及我国文化整体发展繁荣提供更多的理论和实证支持。

一、文化产业效率及其影响因素文献综述

（一）文化产业效率研究文献综述

文化产业效率的核算方法主要分为前沿效率参数分析法和前沿效率非参数分析法，其中最常用的前沿效率参数分析法是随机前沿分析法（SFA），最常用的前沿效率非参数法分析法是数据包络分析（DEA）。随机前沿模型的基本假设相较于数据包络分析更为复杂，需要设定生产函数、估算生产函数系数。当代学者研究文化产业效率测量使用模型多数为数据包络模型、随机前沿模型以及在此两种模型基础上进行改进的模型。从国外学者使用随机前沿模型研究文化产业的研究结果来看，Bishop、Brand 等学者采用随机前沿模型对英国文化产业技术效率水平进行研究，认为英国文化产业发展存在缺乏效率的情况。从国内学者使用随机前沿模型分析评估我国文化产业效率的研究结果来看，马跃如、白勇、程伟波（2012），董亚娟（2012），李兴江、孙亮（2013）等学者使用随机前沿模型对我国 31 个省级行政区的文化产业发展效率进行实证分析，学者们同时分析了影响文化产业技术效率的因素，并运用核密度分布图分析了效率变化趋势，得出我国各省级行政区的文化产业存在效率低下的情况。数据包络模型主要包括 CCR 模型和 BCC 模型，这两种模型的区别在于前提假设不同，CCR 模型的前提假设是规模报酬不变，BCC 模型的前提假设为规模报酬可变。Donald F. Vitaliano（1998）使用 DEA-CCR 法研究公共图书馆，投入指标选取图书馆新书量、对外开放时间等，产出指标选取图书馆读者的循环量，分析计算美国图书馆运行效率；鲁小伟、毕功兵（2014）使用 DEA-CCR 模型并对数据包络模型选取指标的局限性进行改进，文化产业 DEA 投入产出指标体系通过主成分分析法得到，并且使用我国 13 个省级行政区数据进行实证分析，得到 13 个省级行政区的文化产业效率值。王学军（2015）采用 DEA-CCR 法对我国甘肃省文化产业效率水平进行评价，计算结果显示甘肃省文化产业发展存在缺乏效率的问题。王家庭、张容（2009），蒋萍、王勇（2011）使用 DEA-BCC 三阶段模型分区域对于各省份文化产业投入产出效率进行研究，发现我国各省市普遍存在投入产出效率低下的情况，且文化产业效率整体受到环境因素影响较大。郭淑

芬、王艳芬、黄桂英（2012）基于DEA-Malmquist指数方法计算我国31个省级行政区的文化产业效率水平，计算结果为我国31个省级行政区的文化产业效率水平按照东部、中部、西部顺序依次递减，西部地区文化产业效率整体水平较低但是发展迅速，与东部、中部地区的效率整体水平的差距呈现缩小的态势。

（二）文化产业效率影响因素研究文献综述

从文化产业效率的影响因素研究上来看，研究结果显示，影响文化产业效率的环境影响因素包括政府支持水平、经济水平、文化需求水平、市场化水平、科技创新水平、人力资本水平等。高翔（2001），王婧（2008），李兴江、孙亮（2015），董亚娟（2012），王家庭、张容（2009），郭淑芬、王艳芬、黄桂英（2012），赵阳、魏建（2015）等学者认为，政府的支持能够影响文化产业发展，政府支持力度主要表现在财政资金支持和产业政策支持两个方面。由于我国文化产业发展还处于初级阶段，政府支持对于文化产业的健康发展至关重要，如果政府支持力度不够，对于文化产业发展就会产生不良影响。王婧（2008），王家庭、张容（2009），高翔（2001）等学者认为，文化消费是文化产业的终端环节，文化消费水平提升对文化产业效率提升有积极作用。许慧宏、吴声怡（2005），郭淑芬、王艳芬、黄桂英（2012），李兴江、孙亮（2015），王学军（2015），王家庭、张容（2009）等学者认为，经济发展水平是文化产业效率提升的核心环境影响因素，并且对于文化产业效率提升具有积极的作用，几位学者采用GDP或者人均GDP对一个地区的经济发展水平进行衡量。王华强（2008），王学军（2015），李兴江、孙亮（2015）等学者认为，文化产业效率的核心影响因素之一就是当地的科技发展水平，科技通过改变文化产业的生产方式、传播方式，产生了很多与传统文化产业有所区别的新业态，大大提升了文化产业的效率。赵阳、魏建（2015），王学军（2015）等学者认为，城镇化能够促进资源聚集，进而能够提升资源使用效率、促进文化产业整体效率的提升。董亚娟（2012）、黄永兴和徐鹏（2014）等学者认为，人力资本水平的提高对于文化产业效率提升具有积极作用。其他影响因素还包括文化资源的丰富程度、文化创意的多样性、对外开放程度、文化人员报酬、文化事业机构数、文化科研条件、信息化水平、文化企业聚集水平、交通通信及运输水平等环境因素对于文化产业效率提升起着决定性的作用。文化产业效率影响因素评价采用的统计模型包括灰色关联系数、截面回归等。

现有文献存在的问题：第一，文化产业效率的研究多是基于截面数据进行研究，较少使用面板数据进行全面分析，现有数据的信息没有被全面利用。第二，文化产业效率研究使用的数据多为《文化文物统计年鉴》中的数据。《文化文物统计年鉴》统计的主要对象是文化事业单位，文化产业与文化事业虽然都是文化生产的重要组成部分，但是两者存在较大的不同：文化产业主要体现文化的经济属性，文化事业主要体现的是文化的社会属性；文化产业的资金来源方式主要是民间投资，文化事业的资金来源主要是政府财政拨款，因此研究对象与使用的研究数据不符。第三，构建文化产业影响因素统计模型时，没有考虑文化的溢出效应，文化产业数据空间之间的关联性并没有被纳入考虑范围。文化产业数据存在空间关联性时违背了高斯-马尔科夫条件，按照传统 OLS 方法计算是不妥当的。因此，本书采用 2004 年、2008 年、2013 年国家经济普查数据的全口径文化及相关产业数据来分析我国 31 个省级行政区文化产业效率变化情况。在分析文化产业效率影响因素时，对文化产业效率数据进行空间相关性检验，在检验通过的情况下建立空间计量面板模型。

二、DEA-空间面板 Tobit 模型形式与估计方法

本章所需要分析的内容包括两个部分：首先，要对我国 31 个省级行政区文化产业的文化产业效率进行评估分析；其次，基于文化产业效率得分，对影响文化产业效率的经济社会环境因素进行研究。因此本章模型的构建也分为两个部分：第一部分为构建文化效率评价模型；第二部分为文化产业效率转化影响因素模型。

（一）文化产业效率数据包络分析模型

由于本书研究多投入多产出问题，同时投入产出之间不存在确切的函数关系，因此本书选取数据包络模型（DEA）。文化产业并不符合 DEA-CCR 模型所假设的规模报酬不变，因此本书最终选择 DEA-BBC 模型。数据包络模型的优点在于无须对每个决策单元指标事先进行赋权，模型能够根据决策单元的具体数据赋予指标权重，这种方法与需要决策者主观赋权的方法相比避免了赋权过程中的许多主观因素，因此使用数据包络模型进行效率计算更具客观性。当 DEA 综合技术效率得分小于 1 时，表明决策单元不完全有效率，说明决策单元存在投入资源利用不足或者产出存在不足的问题。

数据包络模型的具体模型形式表达如下：

设每一个决策单元（DMU）具有 m 个输入变量，k 个输出变量，输入向量和输出向量分别为 x_i 和 y_i。

$$x_i=(x_{1j},x_{2j}\cdots x_{mj})^T,j=1,2\cdots,n$$
$$y_i=(y_{1j},y_{2j}\cdots y_{kj})^T,j=1,2\cdots,n$$

变量的权重向量分别为 v 和 u，v_i 表示第 i 类型投入的权重，u_r 表示第 r 类型产出的权重，第 j 个决策单元，第 s 个决策单元的投入的综合值为 $\sum_{i=1}^{m} v_i x_{is}$，单元产出的综合值为 $\sum_{i=1}^{k} u_r y_{rs}$，每一个决策单元的效率评价指数为：$h_j=\frac{\sum_{i=1}^{m} v_i x_{is}}{\sum_{i=1}^{k} u_i y_{rs}}$.

$$v=(v_1,v_2\cdots v_m)^T$$
$$u=(u_1,u_2\cdots u_k)^T$$

$$\begin{cases}\mathrm{Max}h_{j0}=\dfrac{\sum_{i=1}^{k}u_r y_{rj0}}{\sum_{i=1}^{m}v_i x_{ij0}}\\ \text{s. t. } \dfrac{\sum_{i=1}^{m}v_i x_{is}}{\sum_{i=1}^{k}u_i y_{rs}}\leqslant 1\\ v=(v_1,v_2\cdots v_m)^T\geqslant 0\\ u=(u_1,u_2\cdots u_k)^T\geqslant 0\end{cases} \tag{3-1}$$

此为分式规划模型，需要通过如下的线性规划进行求解。

设 $w=\dfrac{1}{\sum_{i=1}^{m}v_i x_{ij0}}$，$t_r=wu_r$，$z_i=wv_i$，上式可以转化为

$$\begin{cases}\mathrm{Max}h_{j0}=\sum_{r=1}^{k}t_r\cdot y_{rj0}\\ \sum_{r=1}^{k}t_r y_{rj}-\sum_{i=1}^{m}z_i x_{ij}\leqslant 0,\ j=1,2,\cdots,n\\ \sum_{i=1}^{m}z_i x_{ij0}=1\\ t_r,\ z_i\geqslant 0,\ i=1,2,\cdots,m;r=1,2,\cdots,k\end{cases} \tag{3-2}$$

线性规划中的一个重要理论就是对偶理论。对偶理论如下（λ_j 为常数项）：

$$\begin{cases}\min\theta \\ \sum_{j=1}^{n}\lambda_j x_j - \theta x_0 \leqslant 0 \\ \sum_{j=1}^{n}\lambda_j y_j - y_0 \geqslant 0 \\ \lambda_j \geqslant 0,\ j = 1,2,\cdots,n \end{cases} \tag{3-3}$$

（二）文化产业效率影响因素空间面板 Tobit 模型

文化产业投入转化效率分析评估的是我国各省级行政区文化产业的投入与产出效率，但是影响文化产业效率的经济、社会环境影响因素并没有纳入模型。由于通过数据包络模型得到的文化产业效率值是受限被解释变量，也就是文化效率得分值在 0 到 1 区间，因此文化产业效率得分值的概率分布具有截取特征，直接使用传统的 OLS 回归会导致回归结果有偏不一致，使用 Tobit 回归可以解决这一问题。

另外，从理论研究上来看，文化产业通过人员流动、知识传播等途径对于其他空间具有空间溢出效应，并且相近的区域之间相互影响的程度会更高，这种情况就不适合使用以各个样本之间互相独立为假设前提的传统回归模型，因此，研究文化产业效率影响因素使用传统面板回归得到的统计结果是非最优的。为了解决数据违背传统回归模型假设之一独立性产生统计结果非最优的问题，本书将空间相关性引入模型，使用空间计量模型（Sptial Econometrics Model）。空间计量模型的空间相关性主要通过因变量和误差项的空间滞后因子来表示，这两种表达方式所对应的方法，一种是空间滞后模型（Spatial Lag Model，SLM），又称空间自回归模型（Spatial Autoregressive Model，SAR），另一种是空间误差模型（Spatial Error Model，SEM）。空间计量回归最初基于截面数据进行分析，为了更好地利用统计信息得到更为准确、更为稳健的研究结果，统计学家 Elhorst 和 Anselin 将空间截面模型进行拓展，将面板模型的统计思想纳入空间计量回归模型中去，空间计量模型开始同时考虑空间、时间两重维度，空间计量回归从截面回归发展到面板回归。空间面板回归分析相较于空间截面回归分析更为全面，得到的统计结果也更为有效。空间面板模型与空间截面模型一样，也分为空间面板滞后模型（Spatial Panel Lag Model）和空间面板误差模型（Spatial Panel Error Model）。空间面板滞后模型和空间面板误差模型又分别包含随机个体效应模型和固定个体效应模型。

1. 空间面板 Tobit 模型形式

对于文化产业影响效率因素分析，本章使用空间面板 Tobit 模型进行分析。基于文化产业效率得分数据建立空间面板滞后模型以及空间面板误差模型。其中文化产业效率影响因素的空间面板滞后模型空间溢出效应通过因变量的空间滞后因子来表示，文化产业效率影响因素的空间面板误差模型空间溢出效应通过误差项的空间滞后因子来表示。

文化产业效率影响因素空间滞后模型的表达式为：

$$\begin{cases} CIE_{it} = \beta_0 + AX_{it} + \rho(I_t \otimes W_n)CIE_{it} + \varepsilon_{it} \\ \varepsilon_{it} \sim N(0,\delta^2 I_n) \end{cases} \tag{3-4}$$

式中，CIE_{it} 表示通过 $DEA-BCC$（数据包络模型）得到的文化产业效率得分，X_{it} 为影响文化产业效率的影响变量，ρ 为空间滞后系数，反映相近区域文化产业效率加权值对于本地文化产业效率的影响，ε_{it} 为随机扰动项。该模型表明，区域文化产业效率不仅仅受到自身特征的影响，同时还受到临近区域的影响。

空间误差模型表达式为：

$$\begin{cases} CIE_{it} = \beta_0 + AX_{it} + \mu_{it} \\ \mu_{it} = \lambda W_n \mu_{it} + \varepsilon_{it} \\ \varepsilon_{it} \sim N(0,\delta^2 I_n) \end{cases} \tag{3-5}$$

式中，λ 是被解释变量矩阵的空间误差系数，反映相近区域文化产业效率的残差对本地文化产业效率的影响，其中回归残差是文化产业效率能够被解释变量所解释的部分，说明一个地区对于文化产业效率相近的地区的影响存在“一荣俱荣，一损俱损”的整体结构性特征。

当数据为面板数据时，空间滞后模型的表达式为：

$$\begin{cases} CIE_{it} = \beta_0 + AX_{it} + \rho(I_t \otimes W_n)CIE_{it} + \varepsilon_{it} \\ \varepsilon_{it} \sim N(0,\delta^2 I_n) \end{cases} \tag{3-6}$$

当数据为面板数据时，空间误差模型的表达式为：

$$\begin{cases} CIE_{it} = \beta_0 + AX_{it} + \mu_{it} \\ \mu_{it} = \lambda(I_T \otimes W_N)\mu_{it} + \varepsilon_{it} \end{cases} \tag{3-7}$$

2. 模型设定检验

(1) 空间模型相关性检验。

莫兰检验是基于回归残差构建的空间相关性检验方法。当模型表示为 $Y=X\beta+\varepsilon$，莫兰检验统计量可以表示为：

$$Moran's I = \frac{\sum_{i=1}^{n}\sum_{j=1}^{n}W_{ij}(Y_i-\bar{Y})(Y_j-\bar{Y})}{S^2\sum_{i=1}^{n}\sum_{j=1}^{n}W_{ij}} \tag{3-8}$$

式中，$S^2=\sum_{i=1}^{n}(Y_i-\bar{Y})^2$，$\bar{Y}=\frac{1}{n}\sum_{i=1}^{n}Y_i$。

莫兰检验是在建立空间回归模型之前进行的事前检验，是对数据在统计上是否具有空间效应进行检验。当莫兰统计量计算结果显著时，就表示观测数据之间存在整体空间相关，可以建立空间计量经济模型。

（2）空间计量模型选择检验。

Anselin 提出的两种拉格朗日乘数检验 LM-Error 和 LM-Lag 用于判断空间滞后模型和空间误差模型哪种模型更加合适。

LM-Lag 检验统计量可以表示为：

$$LMlag=(e'WY/\hat{\sigma}^2)^2/K \tag{3-9}$$

式中，W 为空间权重矩阵，$\hat{\sigma}^2=e'e/N, K=T+(W\hat{\beta})'M(WX\hat{\beta})/\hat{\sigma}^2$。

LM-Error 检验统计量可以表示为：

$$LMerror=(e'We/\hat{\sigma}^2)^2/T \tag{3-10}$$

式中，W 为空间权重矩阵，$\hat{\sigma}^2=e'e/N, T=\mathrm{tr}(W'W+W^2)$。

豪斯曼检验（Hausman Test）可以来检测面板模型是采用固定效应模型还是随机效应模型。Hausman 检验统计量为：

$$H=d'[\mathrm{var}(d)]^{-1}d, d=(\beta'\rho)_{FE}-(\beta'\rho)'_{RE}, H\sim\chi^{2(k+1)} \tag{3-11}$$

式中，$\mathrm{var}(d)=\sigma^2{}_{RE}(X^{\cdot\prime}X^{\cdot})^{-1}-\sigma^2{}_{FE}(X^{*\prime}X^{*})^{-1}, X^{*}=X-X, X^{\cdot}=X-(1-\theta)X, \theta^2=\sigma^2/(T\sigma_u{}^2+\sigma^2)$。

3. 空间面板模型参数估计

从空间单元上观测的数据一般具有空间依赖性和空间异质性，违背经典假设，不满足高斯-马尔科夫条件，比如残差项可能存在空间自相关等，采用传统最小二乘法不能够保证结果的无偏性和有效性，极大似然法（MLE）一般更适用于空间计量模型。

Anselin（1988）给出了空间自回归模型的极大似然函数值（ML）的一般表达式：

$$L=-(N/2)\ln(2\pi)-\frac{N}{2}\ln|\Sigma|+\ln|A|+\ln|B|-\frac{1}{2}\mu'\mu \tag{3-12}$$

式中，$\mu'\mu=(AY-X\beta)'B'\Omega^{-1}B\ (AY-X\beta)$，$\Sigma$ 为随机误差方差的协方差矩阵。通过上式求出空间自回归模型参数估计。

Anselin（2001）提出了用于空间面板模型的极大似然估计函数。以空间滞后模型为例，若 $\varepsilon\epsilon N\ (0,\ \Sigma)$，$\Sigma=I\otimes B_N{}^{-1}B_N{}^{-1}$，$B_N=I-\rho W$，则：

$$L=\mathrm{C}-\frac{NT}{2}\ln\sigma_{\varepsilon}{}^{2}+T\ln|B_N|-\frac{1}{2\sigma_{\varepsilon}{}^{2}}\varepsilon'\Sigma\varepsilon \tag{3-13}$$

式中 C 为常数项，T 为期数，则 $\hat{\beta}$ 为：

$$\hat{\beta}=[X'(I_T\otimes\hat{B}'_N\hat{B}_N)X]^{-1}X(I_T\otimes\hat{B}'_N\hat{B}_N)y \tag{3-14}$$

式中，$\hat{B}_N=I-\hat{\rho}W$。

三、我国区域文化产业效率测度

（一）数据说明

文化产业数据的主要来源是文化部发布的《中国文化文物统计年鉴》和国家统计局发布的《文化及相关产业统计年鉴》。目前文化产业效率研究者主要使用国家文化部编纂的历年《中国文化文物统计年鉴》，《中国文化文物统计年鉴》的数据来源于全国各省（自治区、直辖市）文化管理部门向文化部上报的文化、文物等统计数据，由文化部进行整理发布。《中国文化文物统计年鉴》数据的优点是该数据调查年限较长并且数据十分完整，缺点是该年鉴数据所测量的文化企业仅限于群众文化业、图书馆业、艺术业、文化娱乐业四个类别，侧重于文化事业单位生产活动的统计，使用《中国文化文物统计年鉴》统计数据对于文化产业发展情况进行分析存在研究对象和统计数据不统一的问题。《文化及相关产业统计年鉴》是基于全国经济普查数据核算得出的全口径文化产业基础数据，所调查的文化企业涵盖 9 个大类、24 个中类和 80 个小类。该数据的优点是统计口径大，数据十分全面，但是在 2015 年之前就只有 2008 年和 2004 年的数据，大多文化产业效率研究认为 2008 年的统计数据已经失去时效性，因而采用《中国文化文物统计年鉴》进行文化产业效率研究。在本章中，为了更加全面地反映我国文化产业发展现状，使用国家统计局发布的 2013 年、2014 年、2015 年《文化及相关产业统计年鉴》，使用全口径文化产业数据，全面系统地分析我国文化产业效率发展现状。

（二）变量分析

使用数据包络模型对文化产业效率研究需要选取投入以及产出变量。投入变量本章选取文化及相关产业从业人员、文化及相关产业固定资产投资额以及文化及相关产业资产作为投入变量，选取文化及相关产业营业收入、文化及相关产业增加值和文化及相关产业专利授权数作为文化产出的衡量指标。具体分析数据来源于2013年至2015年的《文化及相关产业统计年鉴》。根据2004年、2008年、2013年文化及相关产业数据，从全国整体来看，投入变量文化及相关产业从业人员数2008年较2004年增长1.29%，2013年较2008年增长74.35%（见图3-1）；投入变量文化及相关产业固定资产投资额2008年较2004年增长100.61%，2013年较2008年增长2.39倍（见图3-2）；产出变量文化及相关产业资产额2008年较2004年增长48.16%，2013年较2008年增长2.47倍（见图3-3）；文化及相关产业营业收入2008年较2004年增长58.45%，2013年较2008年增长2.11倍（见图3-4）。总体来看，2004—2013年我国文化及相关产业从业人员数、固定资产投资额、资产额、营业收入呈现井喷式增长。

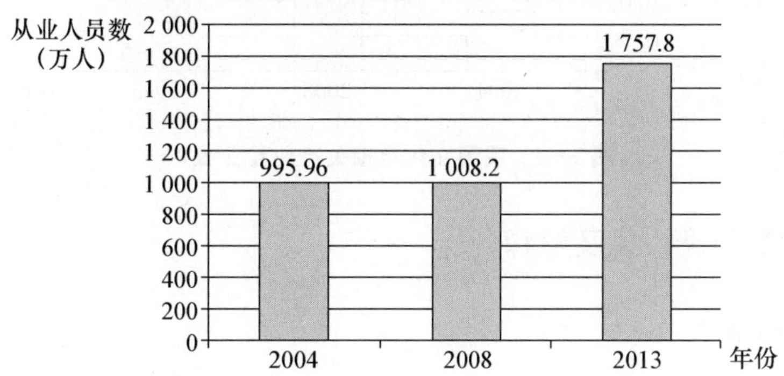

图3-1　我国文化及相关产业从业人员数

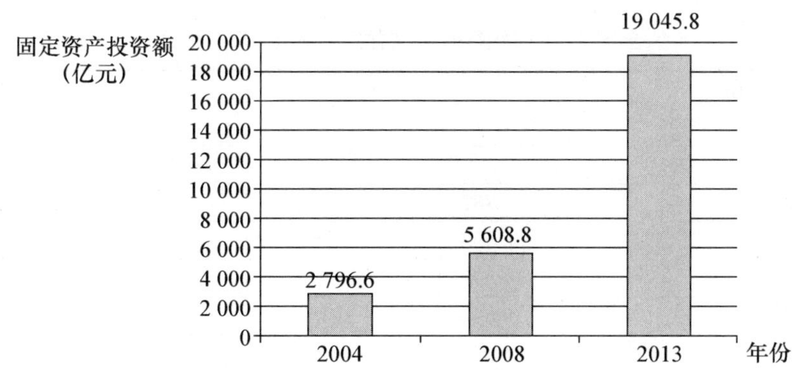

图3-2　我国文化及相关产业固定资产投资额

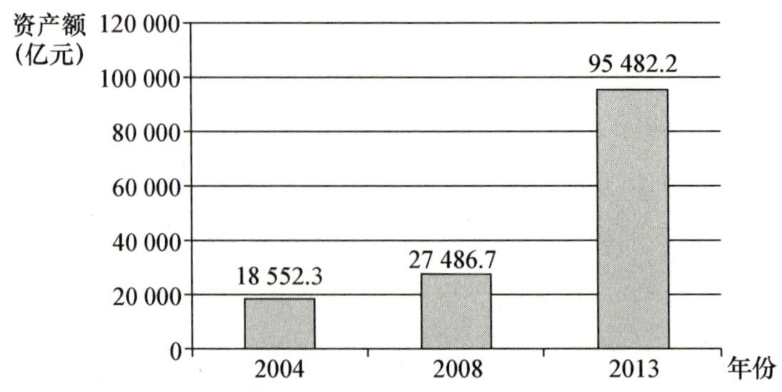

图 3-3　我国文化及相关产业资产额

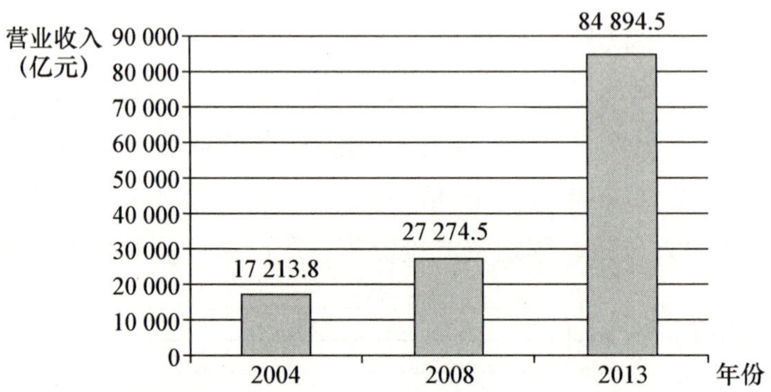

图 3-4　我国文化及相关产业营业收入

(三) 效率测算结果及解释分析

1. 测算结果

本章使用DEAP软件，基于2004年、2008年、2013年数据对我国31个省级行政区的文化产业效率进行评估，结果见表3-1。

表3-1　全国31个省级行政区文化产业效率DEA得分

省份＼年份	2004	2008	2013	效率得分变动总趋势
北京	1	1	1	→
天津	0.787	0.673	0.603	↓
河北	0.553	0.495	0.707	↑
山西	0.599	0.401	0.347	↓
内蒙古	0.855	1	0.525	↓
辽宁	0.623	0.735	0.736	↑
吉林	0.519	0.52	0.467	↓

续前表

省份＼年份	2004	2008	2013	效率得分变动总趋势
黑龙江	0.579	0.693	0.527	↓
上海	1	1	1	→
江苏	0.963	0.949	0.861	↓
浙江	0.75	0.713	0.735	↓
安徽	0.597	0.567	0.854	↑
福建	0.862	0.755	0.938	↑
江西	0.625	0.715	0.981	↑
山东	1	0.974	0.811	↓
河南	0.811	0.789	0.769	↓
湖北	0.493	0.559	0.56	↑
湖南	0.591	0.74	1	↑
广东	1	1	1	→
广西	0.567	0.521	0.706	↑
海南	0.327	0.334	0.331	↓
重庆	0.632	0.712	0.925	↑
四川	0.562	0.625	0.687	↑
贵州	0.618	0.514	0.334	↓
云南	0.536	0.505	0.438	↓
西藏	0.421	0.199	0.437	↑
陕西	0.522	0.451	0.898	↑
甘肃	0.512	0.478	0.779	↑
青海	0.542	0.396	0.872	↑
宁夏	0.438	0.341	0.862	↑
新疆	0.492	0.495	0.779	↑
均值	0.657 2	0.640 2	0.724 8	↑

2. 结果分析

从文化产业效率得分结果来看，我国文化产业效率整体水平呈上升趋势，文化产业平均效率得分由2004年的0.657 2上升至2013年的0.724 8。全国文化产业效率2004年、2008年、2013年的平均得分分别为0.657 2、0.640 2、0.724 8，当文化产业整体产出维持原水平时，若文化产业投入产出有效，可分别减少34.28%、35.98%以及27.52%的原始投入。从各个年份的情况来看，2004年共有北京、上海、广东、山东四省（市）文化产业发展有效率，其他地区文化产业都是缺乏效率的。2008年共有北京、上海、广东、内蒙古四省（市）文化产业发展有效率，其他地区文化产业存在缺乏效率的问题。相比 2004 年，文化产业发展有效率的省级行政区增加了内蒙古，减少了山东。2013 年共有北京、上海、广东、湖南四省（市）文化产业发展整体有效率。2013 年，湖南省作为后起之秀，文化产业效率大幅提升，文化产业效率得分达到 1 的水平。除了北京、上海、广东、湖南四省（市）外，其他省级行政区文化产业都存在低效的问题，天津、山西、内蒙古、吉林、黑龙江、海南、贵州、云南等 11 个省市文化产业效率总体出现下降的趋势。从现有的全口径文化产业数据统计分析结果来看，只有北京、上海、广东三省（市）在 2004 年、2008 年、2013 年文化产业效率保持在 1 的水平，说明北京、上海、广东三省（市）的文化产业发展有效率。我国文化产业效率得分分布呈现南强北弱、东强西弱的格局，并且文化产业效率水平地域性差异十分明显（见图 3－5）。

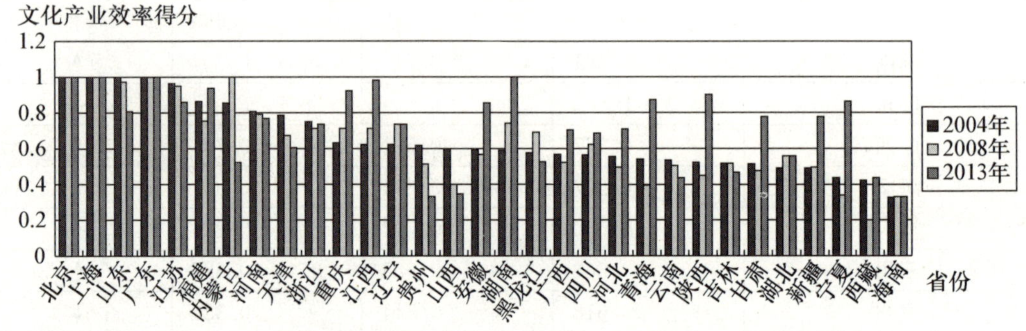

图 3－5　全国 31 省市自治区文化产业效率得分比较

四、我国区域文化产业效率影响因素分析

根据上节所得到的 31 个省级行政区 2004 年、2008 年、2013 年文化产业效率得分，本节基于 Tobit 空间面板模型对文化效率影响因素进行系统分析。

（一）文化产业效率影响因素定义

1. 城市化水平

城市化、工业化是提高文化生产效率的重要手段（袁海、吴振荣，2012；赵阳、魏建，2015），城市化水平的提高有利于人才、资金等各种生产要素的集中利用，能够促进文化产业的产业化、规模化经营。城市化除了能够促进文化产业规模化发展外，城市化还能促进文化企业空间上的聚集。大量文化企业在地理位置上的聚集能够促进创意、信息、知识的交流互动，降低运输、交易、管理、决策、交流等方面的成本，提高文化生产的效率。本书采用城镇化率来衡量城市化水平。

2. 经济发展水平

文化产业发展离不开经济发展，地区经济发展水平是文化产业发展的经济基础（王家庭、张容，2009；李兴江、孙亮，2015）。首先，文化产业是经济发展到一定水平才产生的，文化产业的兴起、发展、成熟都依赖经济发展，经济稳步增长为文化产业发展提供了有力的支撑。其次，根据马斯洛的需求层次理论，随着经济发展水平的提高，人们的物质需求从极度匮乏到逐步被满足，更为高级的精神文化需求将会取代物质需求成为人们的主导价值需求，居民文化消费需求会随之大幅增长，会带动、促进文化产业进一步繁荣发展，对于文化产业效率有促进作用。本书采用地区 GDP 来衡量地区经济发展水平。

3. 政府支持水平

文化产业发展与政府支持水平密切相关（高翔，2001；赵书华、王华强，2008；钱韵竹、张磊，2009；董亚娟，2012），我国文化产业起步较晚，现在仍处于发展初期，整体发展实力较弱，文化企业多为抗风险能力较差的中小型企业。文化产业具有初期投入高、风险大、制作周期长等特点，诸多文化企业尤其是中小文化企业存在融资难的问题。因此，我国文化产业的发展需要政府加以扶持。本书从财政资金扶持角度考察政府支持水平，具体指标采用地区文化和体育传媒财政支出进行度量。

4. 市场化水平

市场化程度越高，市场机制的作用范围就越广，根据古典经济学理论，市场化程度提高能够进一步提高企业生产效率。本书使用樊纲等学者编制的市场化进程指数反映各个地区的市场化程度对文化产业效率的影响，该研究只给出了 1997—2007 年的数据，对于其余年份的指数本书通过线性平滑得到。

5. 产业聚集水平

文化产业聚集水平提高可以促使知识、技术、资本、信息、设施、人才资源聚集形成聚集经济，提高整体资源利用以及促进规模报酬递增。地区文化产业聚集水平与该地区的文化企业数量成正比，地区文化产业聚集水平高，能够进一步延伸文化产业链。聚集经济产生的正向外部性会对刚起步的文化企业起到有效的孵化作用，提高新生文化企业的成活率。本书采用地区的文化产业机构数量来衡量地区文化产业聚集水平。

6. 文化消费水平

作为文化产业链条上的终端环节，文化消费是带动文化产业发展的核心动力(郭淑芬、王艳芬、黄桂英等)。文化需求水平对文化产业市场容量具有决定性作用。文化市场容量越大，文化企业间的竞争会进一步加强；同时，地区文化消费需求越大、种类越多，会促进文化产品细分，会使文化企业专业化水平进一步增强，这些都对地区文化产业效率的提升有着积极的作用。本书以地区居民家庭每年人均文教娱乐消费支出来度量文化消费水平，该变量反映了居民在文化产品和文化服务方面的支出，是体现文化需求的重要指标。

7. 科技发展水平

随着我国文化产业的快速发展和科学技术水平的不断提高，科学与文化融合速度加快，新技术在文化领域得到了广泛的应用，使得文化产业的发展具有更为广阔的空间。信息技术、互联网技术、数字化技术等高新技术与文化要素相结合，催生了新的文化产品形式以及新的文化传播方式，大量突破传统文化产业形态的新业态涌现，以移动多媒体、广播电视、网络游戏、数字出版为代表的新兴产业正在蓬勃兴起，文化传播的时间和空间制约不断被突破，拓宽了文化产品消费者的消费空间，同时也为文化产业的快速发展提供了良好的技术条件，给我国文化产业带来了革命性的变化。科技、文化融合发展不仅涌现出大量新业态，而且极大地延伸了文化产业链，进一步提升了文化产业的生产效率。另外，科学技术发展水平的提高能够显著提升劳动效率，解放生产力，使人们进行文化产品（服务）消费的整体闲暇时间增加，从另一个角度推动了文化产业的发展。因此，科学技术发展水平对于文化产业效率有积极的影响，本书用高新技术产业项目数来衡量科学技术水平。

8. 人力资本水平

文化产业的发展需要大量掌握文化领域专业素质和技术的人才（黄永兴、许鹏等)。当代文化产业发展与高新科学技术高度融合，要将文化科技生产力转化为市场价值，对文化产业从业者的专业素质和专业技术水平都提出了较高的要求，因此区域人力资本积累将有助于文化产业效率的提高（何雄浪)。本书采用人均受教育年限作为人力资本水平的衡量指标，其中居民人均受教育年限＝小学文化程度就业居民所占比重×6 年＋初中文化程度居民所占比重×9 年＋高中文化程度居民所占比重×12 年＋本科文化程度居民所占比重×16 年＋研究生文化程度居民所占比重×19 年。

（二）文化产业效率影响因素模型

由于前文得到的文化产业效率值是一组 0～1 的受限数据，同时考虑到文化产业的空间溢出效应，本章构建文化产业效率影响因素 Tobit 空间面板模型如下：

$$CIE_{it}=\alpha_0+\alpha_1 CIR_{it}+\alpha_2 AGDP_{it}+\alpha_3 GOV_{it}+\alpha_4 EDU_{it}+\alpha_5 TEC_{it}+\alpha_6 CON_{it} +\alpha_7 SCA_{it}+\rho(I_t \otimes W_n CIE_{it})+\mu_{it} \quad (3-15)$$

式中，CIE 表示通过数据包络模型得到的文化产业效率值；CIR 表示城市化率；$AGDP$ 表示人均 GDP；GOV 表示政府财政补贴水平；EDU 表示居民人均受教育年限；TEC 表示高新技术产业项目数；CON 表示人均文化消费支出；SCA 表示文化产业企业数量。$i=31$，表示我国 31 个省级行政区，t 表示年份，本章中 t 的取值为 2004 年、2008 年、2013 年，μ_{it} 为随机扰动项。

（三）空间权重矩阵的设定

由于文化产业存在溢出效应，本章在构建文化效率影响因素模型时考虑到了空间因素，创建了空间权重矩阵（spatial weights matrix），这是非常重要的一步。根据空间统计和空间计量经济学原理，在确定空间权重矩阵时，一般可以考虑现实的地理空间关联性。当前关于空间权重的文献不多，衡量地理关系的方式一般为考察空间的临近性和空间的地理距离，由此构成的矩阵可以分为两种。

第一种为空间二分权重矩阵，即 0－1 权重矩阵（binary contiguity matrix）。0-1权重矩阵是简单的二进制权重矩阵，由于该方法设定简单，并且计算方便，是空间计量模型中最为常用的权重设定方法。这种空间权重设定认为只有相邻区域才能够产生直接空间溢出效应，而非相邻区域之间不能够产生直接的空间溢出效应，只能够通过相邻区域直接效应的递进关系间接产生空间溢出效应。在 0-1 权重矩阵中，当区域相邻时，相邻系数为 1；区域不相邻时，系数为 0。0-1 权重矩阵只能够反映相邻区域是否相关，对于相关的程度不能够准确反映。同时，对于不相邻区域之间的空间关系不可以直接衡量，只能够反映间接的空间关系。

空间二分权重矩阵的具体的表达式为：

$$W_N=\begin{bmatrix} w_{11} & w_{12} & \cdots & w_{1n} \\ w_{21} & w_{22} & \cdots & w_{2n} \\ \vdots & \vdots & \vdots & \vdots \\ w_{n1} & w_{n2} & \cdots & w_{nn} \end{bmatrix}$$

根据简单矩阵标准，矩阵中的元素 W_{ij} 为：

$$W_{ij}=\begin{cases}1\text{（区域 }i,j\text{ 之间相邻）}\\0\text{（区域 }i,j\text{ 之间不相邻）}\end{cases} \tag{3-16}$$

第二种为空间距离权重矩阵。它是根据两个地区之间地理距离的倒数作为权重矩阵的系数，距离空间权重矩阵与0-1权重矩阵的不同之处在于，它不仅可以衡量相邻的区域之间的直接空间效应，还可以衡量不相邻省份之间的直接空间效应，不仅能够衡量省份之间的空间是否具有空间关联，也能够衡量省份之间空间关联的强度。由于本章衡量的是省域之间文化产业效率的空间关联性，因此本章选取的地理距离为省会直线距离，当两省之间相距距离越短则空间效应系数越大，反之空间效应系数越小。

空间距离权重矩阵的具体表达式为：

$$W_N=\begin{bmatrix}w_{11} & w_{12} & \cdots & w_{1n}\\ w_{21} & w_{22} & \cdots & w_{2n}\\ \vdots & \vdots & \vdots & \vdots\\ w_{n1} & w_{n2} & \cdots & w_{nn}\end{bmatrix}$$

根据地理距离矩阵标准，矩阵中的元素 W_{ij} 为：

$$W_{ij}=\begin{cases}1/d_{ij}(i\neq j)\\1(i=j)\end{cases} \tag{3-17}$$

（四）实证结果与解释分析

空间计量模型中的解释变量之间应该是互相独立的，解释变量间高度相关导致的多重共线性会导致模型失效。通过对解释变量的相关性进行计算，所有的解释变量的相关系数均大于0.3。因此本章采用逐步回归的方法对模型进行精简，模型精简后可以表示为：

$$\text{SLM}: CIE_{it}=\alpha_0+\alpha_1 CIR_{it}+\alpha_2 TEC_{it}+\alpha_3 SCA_{it}+\rho(I_t\otimes W_n)CIE_{it}+\varepsilon_{it} \tag{3-18}$$

$$CIE_{it}=\alpha_0+\alpha_1 CIR_{it}+\alpha_2 TEC_{it}+\alpha_3 SCA_{it}+\mu_{it}$$

$$\text{SMA}: \mu_{it}=\lambda(I_t\otimes W_n)\mu_{it}+\varepsilon_{it} \tag{3-19}$$

1. 模型设定检验与计算

在对空间计量模型进行参数估计之前，需要对模型的设定形式进行检验。表

3-2显示莫兰检验值显著为正，通过了空间自相关检验，说明文化产业效率存在空间相关性。利用拉格朗日乘数检验（LM Test）对空间误差面板模型的设定形式进行检验，LM（Error）较LM（Lag）在统计上更为显著，空间误差面板模型相较于空间滞后面板模型略优，从Hausman检验结果来看，p值小于0.05，因此个体效应与解释变量之间相关。

表3-2　　文化产业效率影响因素空间计量模型检验结果

Moran'I		LM（Error）		LM（Lag）		Hausman	
0-1权重矩阵	距离权重矩阵	0-1权重矩阵	距离权重矩阵	0-1权重矩阵	距离权重矩阵	0-1权重矩阵	距离权重矩阵
0.615*** (0.000 2)	0.898*** (0.000 3)	7.343*** (0.000 21)	8.796*** (0.000 5)	6.273*** (0.000 4)	6.567* (0.08)	10.12*** (0.000)	15.34*** (0.001 2)

注：表中括号内为P值，"＊＊＊""＊＊""＊"分别代表在0.01、0.05、0.1水平下显著。

文化产业效率影响因素空间计量回归结果见表3-3。

表3-3　　文化产业效率影响因素空间计量回归结果

变量	传统面板模型（固定效应模型）	空间滞后模型（SLM）0-1矩阵	空间残差模型（SMA）地理矩阵	空间滞后模型（SLM）0-1矩阵	空间残差模型（SMA）地理矩阵
ρ	——	0.693 71*** (5.057)	——	0.446 8*** (11.67)	——
λ	——	——	0.323*** (4.677 8)	——	0.097 6*** (3.224 5)
CIR	0.123 06*** (4.159)	0.173 12*** (3.159)	0.166 958*** (3.605 7)	0.134 26*** (5.123)	0.145 67*** (4.815 9)
TEC	0.085 66*** (3.923)	0.160 2*** (4.51)	0.085 66*** (3.984 5)	0.135 6*** (3.605 7)	0.078 75*** (4.335 1)
SCA	0.048 83*** (8.531)	0.051 51*** (5.148)	0.259 567*** (3.605 7)	0.660 32*** (5.51)	0.048 7*** (3.634 2)

注：表中括号内为t值，"＊＊＊""＊＊""＊"分别代表在0.01、0.05、0.1水平下显著。

2. 模型回归结果分析

从空间计量模型数据分析结果来看，文化产业效率受外部因素影响最大的是城市化率。我国当前处于城市化进程的重要阶段，按照国家规划，每年会有将近三千万到四千万的人口进入城市，城市化率会进一步提高。现阶段城市化、城市经营则是地方政府支持文化产业发展的一个重要手段，未来我国的城市化进程仍然会促进资本、资源、人才聚集，促进文化产业效率提高。科学技术发展水平对于文化产业效率也具有十分重要的影响，科技发展对于文化产业发展起着重要的支撑作用。科技创新从文化的内容、形态、传播等方面推动文化产业发展，是文化发展的重要引擎。从统计模型计算结果来看，科学技术水平对于文化产业效率具有促进作用，科技水平每增加1%，文化产业效率水平提升近0.01%。由于文化产业本身所具有的规模效应，区域文化产业规模增加对文化产业效率同样会产生正向影响。

与普通面板模型相比，在简单0-1矩阵条件下和地理距离条件下的空间计量模型得到回归系统的符号基本一致，说明结果比较稳健。莫兰检验和拉格朗日乘数检验结果都通过了显著性检验，说明文化产业效率具有空间溢出效应。如果采用普通面板模型的话，参数估计的结果是有偏的，所以在进行我国文化产业效率分析时，采用空间计量模型相较于普通面板模型更为合理。从空间滞后模型的计算结果可以看到，无论是0-1矩阵还是地理距离矩阵，都有$\rho > 0$，说明文化产业效率在省域之间存在正的溢出效应。在0-1矩阵条件下，各省份文化产业效率增加1%，其他省份文化产业效率水平增加0.693 7%；在地理距离矩阵条件下，各省份文化产业效率水平增加1%，其他省份文化产业效率水平增加0.446 8%。

本章小结

本章利用2004年、2008年、2013年31个省级行政区的文化产业数据，采用DEA（数据包络模型）得出了2004年、2008年、2013年31个省级行政区的文化产业效率综合得分，发现尽管我国31个省级行政区的整体文化产业效率水平呈现上升的趋势，但除了北京、上海、广州、湖南四地之外，其他省级行政区都存在文化产业失效的情况。计算结果表明，我国文化产业发展不平衡情况明显，整体呈现东高西低、南强北弱的格局。基于前文文化产业效率得分数据建立具有固定效应的空间面板Tobit模型对于影响文化产业效率的环境因素进行分析，计算结果显示，不同地区文化产业效率水平之间存在正向溢出效应，文化产业效率水平主要受到城市化水平、产业规模水平以及当地科技发展水平等外部影响因素的影响。

第四章　中国区域公共文化服务水平及其影响因素研究

文化事业与文化产业是文化生产的两翼，文化产业的生产目的是追求利润最大化，文化事业的生产目的是追求社会效益最大化。本书第三章对“营利性”文化产业从效率视角进行研究，本章将对“公益性”文化事业从公平视角进行研究。1966年，联合国在《经济、社会、文化权利国际公约》中提出，文化权益与经济、政治、社会等权益一样，都是公民应当享有的权益。文化事业是通过搭建公共文化服务体系生产与提供公共文化产品（服务）的活动，文化事业生产的目的是保障公民的文化权益和基本文化需求。如果不同区域的文化事业发展水平差距过大，会导致公共文化服务供给严重失衡，这样会无形中损害部分地区居民的基本文化权益。因此，建立健全公共文化服务体系，应当让基本公共文化产品（服务）能够惠及每一位公民，保障每一位公民的基本文化权益。本章对各个区域公共文化服务水平及其差异程度进行科学评估，并对造成区域公共文化服务水平不同的环境因素进行分析，以期能够为我国文化事业健康发展提升公共文化服务水平以及促进区域间公共文化服务水平均衡发展提供理论研究基础。

一、公共文化服务公平研究文献综述

关于公平的研究主要集中在收入不平等上，古典自由主义者强调资源初始禀赋和分配的均等性，现代自由主义者认为不平等与历史的不公正有关，同时不平等是贫困循环的产物，市场活动中的各种歧视、教育不平等因素同样也会导致最终的不平等。目前，学者关于公共文化服务公平的研究相对较少，主要研究方向集中在公共文化服务均等化理论、区域公共文化服务水平测度和公共文化服务水平区域差异分析等。

(一) 公共文化服务均等化理论研究文献综述

公共文化服务均等化(equalization of public cultural services)的精神内核源于公平正义理论(justice as fairness theory),公共文化服务公平是公平正义理论在公共文化服务领域的具体体现。古希腊的柏拉图(Plato)和亚里士多德(Aristotle)最开始对公平正义进行研究,在柏拉图和亚里士多德的研究中,"公平正义"是一种理想的概念。现代学者约翰·罗尔斯(John Bordley Rawls,1960)对公平正义理论进行了系统的研究,从两个方面总结了实现公平正义的原则:首先,实现公平正义基本的权利和义务应当需要公平分配;其次,公平正义应该满足"机会平等"和"使最小受惠者能够获得最大利益"。国外学者还从福利经济学的角度研究均等化的意义,庇古(Arthur Cecil Pigou,1920)在第二基本福利命题中提出了增加整个社会福利的两种方法:一是增加一个国家的国民收入总量;二是国民收入均衡,国民收入越是均衡,整体的社会福利就越大,即国民收入的总量以及分配均衡程度共同决定了社会经济福利的大小,因此可以通过增加整体国民收入量和消除收入分配不平等来增强整个社会的经济福利。在此理论基础上,在公共文化资源不变的前提下,提升一个国家社会文化福利一方面通过增加文化产品供给,另一方面需要促进公共文化资源特别是公共文化资源的均匀分配。

从国内的研究来看,张桂琳(2009)基于均等化的精神内核"公平正义"进行研究,提出从静态的角度来看"均等化"是"平均、平等"的状态,从动态的角度来看,"均等化"是趋于"平均、平等"目标的努力过程。将公共文化服务均等化内涵定义为在尊重自由选择权的前提下,全体公民能够享有均等的基本公共文化服务的机会、结果、服务。常修泽(2007)、边继云(2008)、马国贤(2009)、曹海琴和刘志宽(2012)等学者也对于公共文化服务均等化的内涵进行了研究,学者们虽然在表达上有差异,但是核心含义基本一致,公共文化服务是公共部门利用公共资源所提供的服务,因此公共文化服务均等化表示在遵循公平、公开、公正原则的基础上,对于公民的基本公共文化需求提供均等的公共产品与服务,公共文化产品与服务的获得不应受地域、社会阶层等其他因素的影响。从已有的研究结论来看,学者们基本认为均等化并不是绝对平均分配的状态,而是一个近似平均的状态,公共文化服务均等化也不是一个静态的状态,而是民众能够得到的公共文化服务是趋近平均的状态。从均等化的表现来说,学者总结为财力均等化、文化权利均等化、公共文化产品消费均等化等几个方面。财力均等化是指区域间文化事业费等财政投入大致均等;文化权利均等化是指人们享受公共文化服务的机会大致均等;公共文化产品消费均等化是从结果角度来分析的，是指公民享受到的公共文化产品（服务）大致均等。安体富、刘尚希将公共文化服务均等化分为过程均等和结果均等。两位学者认为，结果均等也就是公共文化产品消费均等是最终的目标。从公共文化服务提供者的角度来看，分为国家化路径和市场化路径两个方向。绝大多数学者都赞成国家化路径，认为具有“公共性”的公共文化服务由政府提供而不采取市场化的方式，国外学者持这一观点的代表人物包括 Samuelson（1948）和 Mascarenhas（1959）等。也有部分学者认为公共文化服务（产品）完全由政府提供会出现垄断引起的效率低下的问题，不能提供全面、多元的公共文化服务，无法满足公民差异化、多层次的文化需求，公共文化服务（产品）供给应当采取市场化路径，或者由第三部门或非营利组织作为公共文化服务（产品）的供给方。

（二）区域公共文化服务水平评价文献综述

从实证研究来看，顾金喜、宋先龙、于萍（2010）从投入、产出两个维度建立了公共文化服务指标评价体系，分析评估我国区域公共文化服务水平。计算结果显示，我国区域间公共文化服务水平差异较大，存在公共文化服务水平区域不平等的问题。李敏纳、覃成林（2010）通过构建公共文化服务指数，对我国公共服务水平进行测度，认为从指数来看，各个地区公共文化发展存在区域差异。

（三）公共文化服务水平区域差异分析文献综述

关于公共文化服务不公平出现的原因，葛继红、王玉霞（2008），边继云（2008），曹爱军、方晓彩（2009），杨永恒（2010），陈立旭（2011），朱先龙（2011），宋先龙（2011）等学者结合我国公共文化服务发展实际进行了分析，认为区域差异较大的原因包括部分地区公共文化服务领域的人才匮乏、文化人才结构不合理、公共文化设施落后、文化事业财政资金投入不足、公共文化活动少、公共文化资源整体社会效益没有得到充分发挥等。导致这些问题出现的更为深层次的原因包括：第一，制度原因。文化事业财政投入制度、公共文化服务体系效率评价制度、公共文化管理制度不成熟、不健全。第二，观念原因。部分地方政府仍然追求GDP，以经济发展作为首要目标，对文化发展，尤其是公共文化发展的重视不够，重经济建设轻文化发展，这种情况在我国农村基层比较常见。第三，法律原因。公共文化服务领域存在相关法律法规不健全、落实不到位等问题。对于如何实现基本公共文化服务水平的提高以及均衡发展，学者们提出以下几点政策建议：第一，加强制度建设。建立健全规范的公共财政制度、城乡一体化供给制度、城乡区域互助制度，以“区域均衡、城乡均衡、群体均衡”为基础，深化文化体制改革，促进公共文化服务体系均衡发展（朱春雷、杨永，2007；曹爱军、方晓彩，2009）。第二，建立正确的文化服务绩效观。改变以经济发展作为区域发展的唯一目标，将文化发展纳入政府绩效考核，同时将公共文化服务均衡发展作为重点考核指标。政府应增强基本公共文化服务意识，制定《基本公共文化服务均等化》条例或行动框架，定期发布基本公共文化服务水平评估报告。第三，文化供给多元化。改革基本公共文化服务主体，创新服务形式，促进服务主体、供给方式、筹资渠道的多元化（顾金喜，2008）。第四，加强文化人才队伍建设。通过建立“文化人才库”、强化培训、落实人员保障等，打造稳定、高素质的公共文化服务人才队伍（胡税根，2011）。

既有文献存在的问题：一方面，公共文化服务的研究还仅仅停留在理论研究上，没有科学评价公共文化服务水平的统计指标体系，并且对于公共文化服务水平的差异情况没有进行合理分析。另一方面，对影响公共文化服务水平的影响因素以及如何提升公共文化服务水平等核心问题没有进行系统探讨。基于既往文献存在的研究空白和短板，本书首先建立区域公共文化服务水平评价体系，考虑到省级行政区之间人口方面的差异，用省级行政区总量数据搭建公共文化服务水平统计指标评价体系，不能够科学、客观有效地对各省级行政区公共文化服务水平进行合理评价，因此，本章建立的公共文化服务相关总量指标进行人口平均处理得到新的公共文化服务统计指标评价体系，基于实际数据得出 31 个省级行政区公共文化服务水平的发展情况，同时通过基尼系数来计算 31 个省级行政区公共文化服务差异程度，分析评价区域公共文化服务发展的公平程度。基于 31 个省级行政区公共文化服务水平得分，使用面板分位回归建立公共文化服务水平影响因素模型，对公共文化服务水平的影响因素进行系统分析。

二、公共文化服务水平评价体系构建

从广义的角度来看，公共文化服务是政府对公共文化建设、管理、运行和规范的全过程。本书认为，公共文化服务是政府使用公共权力或公共资源向社会提供用来保证人民群众基本文化权益、满足人民群众基本文化需求的公共文化产品（服务）及制度体系的总称。

基于前文研究，兼顾公共文化服务体系数据的可得性和可比性，本书从公共文化服务经费投入、公共文化服务人员投入、公共文化设施、公共文化活动参与程度四个维度评价公共文化服务水平，考虑到31个省级行政区之间的人口差异，所有的总量数据都作了人口平均化处理。经费投入是发展文化事业，完善和健全公共文化服务体系的基础，同时体现了当地政府对发展公共文化事业的重视程度。本书用人均拥有文化事业基建投资、人均拥有公共图书馆财政拨款、人均拥有群众文化机构财政拨款、人均拥有艺术表演团体财政拨款五个指标来测量公共文化服务体系经费投入水平；人员投入的多少体现了公民能够享受到的公共文化服务质量，本书用每万人拥有公共图书馆从业人员数、每万人拥有文化馆从业人员数、每万人拥有文化站从业人员数、每万人拥有博物馆从业人员数、每万人拥有艺术表演团体从业人员数等指标来表示公共文化服务体系人员投入水平；文化设施水平由该区域人均占有的公共文化设施来表示，具体指标为每万人拥有公共图书馆数、每万人拥有文化馆数、每万人拥有文化站数、每万人拥有博物馆数、每万人拥有艺术表演场馆数、公共图书馆人均新购图书册数等；公民文化互动参与程度衡量了公民对于公共文化产品的消费程度，本书用每万人观看艺术表演团体演出次数、公共图书馆人均流通次数、公共图书馆人均外借图书次数等指标来衡量区域居民公共文化活动参与水平。因此，本章构建的公共文化服务水平评价指标体系包含4个评价维度、32个评价指标，具体评价指标体系如表4-1所示。

表4-1　　公共文化服务水平评价指标体系

评价维度	评价指标	单位
经费投入	人均拥有文化事业基建投资	元
	人均拥有公共图书馆财政拨款	元
	人均拥有群众文化机构财政拨款	元
	人均拥有艺术表演团体财政拨款	元
	人均拥有艺术表演场馆财政拨款	元
	人均拥有文物科研机构财政拨款	元
	人均拥有文物保护管理机构财政拨款	元
	人均拥有国家财政性教育经费	元
人员投入	每万人拥有公共图书馆从业人员数	人
	每万人拥有文化馆从业人员数	人
	每万人拥有文化站从业人员数	人
	每万人拥有博物馆从业人员数	人
	每万人拥有艺术表演团体从业人员数	人
	每万人拥有艺术表演场馆从业人员数	人
	每万人拥有文化机构主管部门从业人员数	人

续前表

评价维度	评价指标	单位
基础设施	每万人拥有公共图书馆数	座
	每万人拥有文化馆数	座
	每万人拥有文化站数	座
	每万人拥有博物馆数	座
	每万人拥有艺术表演团体数	个
	每万人拥有艺术表演场馆数	座
	公共图书馆人均新购图书册数	册
	每万人公共图书馆建筑面积	平方米
	每万人群众文化设施建筑面积	平方米
	人均拥有图书馆藏量	册
	广播节目综合人口覆盖率	%
	电视节目综合人口覆盖率	%
	每万人拥有公共广播节目套数	套
	每万人拥有公共电视节目套数	套
文化活动参与	每万人观看艺术表演团体演出次数	次
	公共图书馆人均流通次数	次
	公共图书馆人均外借图书次数	次

三、熵权法以及面板分位回归模型形式

本节基于区域公共文化服务水平评估分析以及区域公共文化服务水平的影响因素研究两个主要目的，将数据分析分为两个部分。第一部分是基于上节建立的公共文化服务水平评价统计指标体系，使用熵权法对各个统计指标进行合理赋权，计算出各省公共文化服务水平，然后计算区域之间公共文化服务水平的基尼系数，评估区域公共文化发展的均衡性。第二部分是使用面板分位回归模型进行公共文化服务水平的影响因素分析。

（一）熵权法模型的形式与估计方法

“熵”（Entropy）原本是德国物理学家克劳修斯（R. Clausius）提出的热力学概念，后来信息论的创始人申农（C. E. Shannon）将熵这个概念作为一个随机事件的不确定性或信息度的量度引入信息论中。熵权法认为统计指标体系中的统计指标权重大小可以通过计算该指标的信息熵来确定。当信息熵较小时，意味着指标变异程度大、指标包含信息含量大，因此当信息熵值较小时该指标在整个评价体系中的贡献就越大，应当赋予该指标较大的权重；反之，当信息熵较大时，意味着指标包含的信息量较小，对于该指标的赋权应当相对较小。使用熵权法对统计指标体系中的各个指标进

行赋权时，应当计算每个指标的信息熵，确定各指标的权重，然后对于指标体系中的统计指标进行加权计算，最终得到评价对象的整体评价得分。具体计算步骤如下。

1. 数据标准化

正向指标标准化方法为：

$$Y_{ij}=(x_{ij}-x_{\min(j)})/(x_{\max(j)}-x_{\min(j)})(i=1,2,\cdots,m;j=1,2,\cdots,n) \tag{4-1}$$

逆向指标标准化方法为：

$$Y_{ij}=(x_{\max(j)}-x_{ij})/(x_{\max(j)}-x_{\min(j)}) \tag{4-2}$$

式中，$x_{\max(j)}=\max\{x_{ij}\}$，$x_{\min(j)}=\min\{x_{ij}\}$。

2. 指标熵值的计算

$$e_j=-K\sum_{i=1}^{m}P_{ij}\ln P_{ij}\ ,$$

$$(K=1/\ln(m),P_{ij}=Y_{ij}/\sum_{i=1}^{m}Y_{ij}\ ,i=1,\ 2,\cdots,m;j=1,\ 2,\cdots,n) \tag{4-3}$$

3. 指标权重计算

$$W_j=\frac{1-e_j}{\sum_{j=1}^{m}(1-e_j)}\ (i=1,2,\cdots,n) \tag{4-4}$$

其中，$W_j\in[0,1]$，且$\sum_{j=1}^{n}W_j=1$。

（二）分位回归模型的形式与估计方法

本节采用分位回归模型来对于影响公共文化服务水平的影响因素进行定量分析。一方面，由于传统回归法的回归假设包括正态性假设、方差齐次性假设等，当数据违反假设时，传统回归模型失效；另一方面，传统的回归方法主要是基于解释变量来估计被解释变量的均值，因此不能对不同公共文化服务水平上受到的解释变量的影响进行分析。使用分位回归模型可以解决上述问题，它能更加充分地利用统计数据全面分析不同分位水平下被解释变量如何受到解释变量的影响。分位回归的模型表达式如下：

假设随机变量 Y 的概率分布为：

$$F(Y) = \text{Prob}(Y \leqslant y) \tag{4-5}$$

Y 的 τ 分位数为满足 $F(y) \geqslant \tau$ 的最小 y 值。

$$q(\tau) = \inf\{y: F(y) \leqslant \tau\}, 0 < \tau < 1 \tag{4-6}$$

分位回归采用最小一乘法，基本表达式为

$$Y_{it}(\tau j \mid x_{it}, \alpha_i) = X_{it}{}^T \beta(\tau_j) + \alpha_i \tag{4-7}$$

充分考虑到个体效应，引入惩罚项代替原始的高斯惩罚项，通过求解惩罚函数式来求出面板分位回归参数的估计值：

$$\min \sum_{k=1}^{q} \sum_{i=1}^{n} \sum_{j=1}^{t} w_k \rho(\tau_k)(Y_{it} - a_i - X_{it}\beta(\tau_k) + \lambda \sum_{i=1}^{n} |a_i|) \tag{4-8}$$

$\rho(\tau_k) = \upsilon(\tau_k - I(\upsilon < 0))$ 为损失函数，$I(\upsilon < 0)$ 是指标函数，w_k 用于控制各分位点的权重，λ 为惩罚因子。根据 Lamarche（2010）对惩罚因子选择的研究，当$\lambda = 0$时，此时为固定效应模型估计；当 $\lambda \rightarrow \infty$，$\alpha \rightarrow 0$，此时为混合效应模型估计。对于权重 w_k 的选择，为了减少主观因素的影响，本书采用 Lamarche（2011）所采用的方法赋予相同权重，即 $w = 1/K$。

四、区域公共文化服务水平及区域差异评价

本书选取 31 个省级行政区作为区域公共文化服务水平的研究对象，数据来源于《中国文化文物统计年鉴》《中国统计年鉴》《中国区域经济统计年鉴》等。考虑到数据的时效性和准确性，本书使用 2009—2015 年的数据，使用熵权法计算 2009—2015 年 31 个省级行政区公共文化服务水平得分，并采用基尼系数来衡量全国公共文化服务水平的差异情况，计算结果为表 4-2 所示。

表 4-2　31 个省级行政区公共文化服务水平得分及基尼系数　单位：%

省份＼年份	2009	2010	2011	2012	2013	2014	2015
北京	41.8	41	41.9	40.5	56.9	50.5	54.9
天津	43.8	47.2	46.8	45.8	43.6	29.0	26.9
河北	17.0	18.6	17.2	18.0	16.4	20.4	19
山西	29.1	25.9	31.7	32.4	41.2	44.1	38.1
内蒙古	33.1	26.2	27.9	37.3	40.2	41.4	29.5
辽宁	29.7	31.5	26.2	27.0	22.8	23.9	21.7
吉林	17.6	32.7	28.7	25.2	23.6	27.2	18.1
黑龙江	19.0	21.9	18.5	16.8	17.0	19.0	15

续前表

省份＼年份	2009	2010	2011	2012	2013	2014	2015
上海	54.0	57.4	63.6	59.1	63.9	57.4	53.3
江苏	19.6	27.2	24.7	30.7	24.3	33.8	29.9
浙江	40.2	42.8	44.8	45.1	47.2	42.2	45.1
安徽	25.6	19.4	18.1	17.0	16.1	17.8	16.2
福建	21.2	29.4	28.7	25.8	27.0	28.9	21.7
江西	19.2	21.0	19.1	18.9	19.0	22.0	17.8
山东	13.0	18.2	18.4	17.4	18.3	21.7	18.5
河南	10.3	23.6	22.0	19.3	20.3	27.5	25.2
湖北	21.2	26.0	22.9	21.3	19.7	22.1	19.1
湖南	19.6	18.6	20.2	18.3	16.0	21.3	20
广东	18.7	29.2	27.7	24.8	18.5	20.7	17.6
广西	29.0	16.4	15.3	24.1	16.4	16.7	19.1
海南	37.5	35.7	39.6	28.2	38.8	24.1	20.8
重庆	28.2	20.3	21.6	21.6	23.0	21.6	20.6
四川	21.8	25.6	25.0	24.5	17.2	20.9	17.7
贵州	8.7	13.2	16.0	14.0	24.2	17.5	16.7
云南	15.9	19.7	18.0	20.0	18.1	19.3	16.7
西藏	40.8	36.6	41.2	44.7	48.8	42.1	42.3
陕西	17.2	36.5	40.7	36.6	40.3	43.7	40.9
甘肃	32.0	32.7	33.6	30.9	43.3	43.1	45.9
青海	22.3	40.3	37.6	35.4	33.4	35.8	42.7
宁夏	38.9	40.6	37.7	36.9	50.2	57.2	39.5
新疆	21.3	37.5	40.6	37.6	34.2	40.2	29.5
平均数	26.0	29.4	29.5	28.9	30.3	32.3	32.3
基尼系数	0.225 4	0.234 0	0.259 8	0.273 2	0.278 9	0.246	0.257

从全国31个省级行政区整体公共文化服务水平来看，2009—2015年全国整体公共文化服务水平呈上升趋势，2012年公共文化服务水平较上年略有下降。2009年公共文化服务水平前五名为上海、天津、北京、西藏、浙江；2010年公共文化服务水平前五名分别为上海、天津、浙江、北京、宁夏；2011年公共文化服务水平前五名为上海、天津、浙江、北京、西藏；2012年公共文化服务水平前五名为上海、天津、浙江、西藏、北京；2013年公共文化服务水平前五名为上海、北京、西藏、浙江、天津；2014年公共文化服务水平前五名为上海、宁夏、北京、山西、西藏；2015年公共文化服务水平前五名为北京、上海、甘肃、浙江、西藏。西藏、宁夏等地区由于人口较少，在人均公共文化服务水平评价中比较占优势，上海、北京、浙

江等地为我国经济发展处于前列的省市，在公共文化发展上也处于全国前列。2009年公共文化服务水平后五名分别为河北、云南、山东、河南、贵州；2010年公共文化服务水平后五名分别为湖南、河北、山东、广西、贵州；2011年公共文化服务水平后五名分别为安徽、云南、河北、贵州、广西；2012年公共文化服务水平后五名分别为河北、山东、安徽、黑龙江、贵州；2013公共文化服务水平后五名分别为黑龙江、广西、河北、安徽、湖南；2014公共文化服务水平后五名分别为云南、黑龙江、安徽、贵州、广西；2015公共文化服务水平后五名分别为广州、贵州、云南、安徽、黑龙江。从总体上来看，公共文化服务水平较低的省市主要集中在西南以及东北欠发达地区。本书采用基尼系数来衡量全国公共文化服务水平的差异情况，从计算结果来看，2009—2015年31个省级行政区公共文化服务水平的基尼系数在0.2～0.3，属于比较合理的区间范围，2009—2013年公共文化服务水平的基尼系数呈现波动上升的趋势，2014—2015年基尼系数有所回落，表明2009—2013年我国公共文化服务的均等化程度有所下降，2014—2015年我国公共文化服务均等化程度有所提升。

2009—2015年我国公共文化服务水平排名情况见图4-1、图4-2、图4-3、图4-4、图4-5、图4-6、图4-7，2009—2015年我国公共文化服务水平箱形图见图4-8。

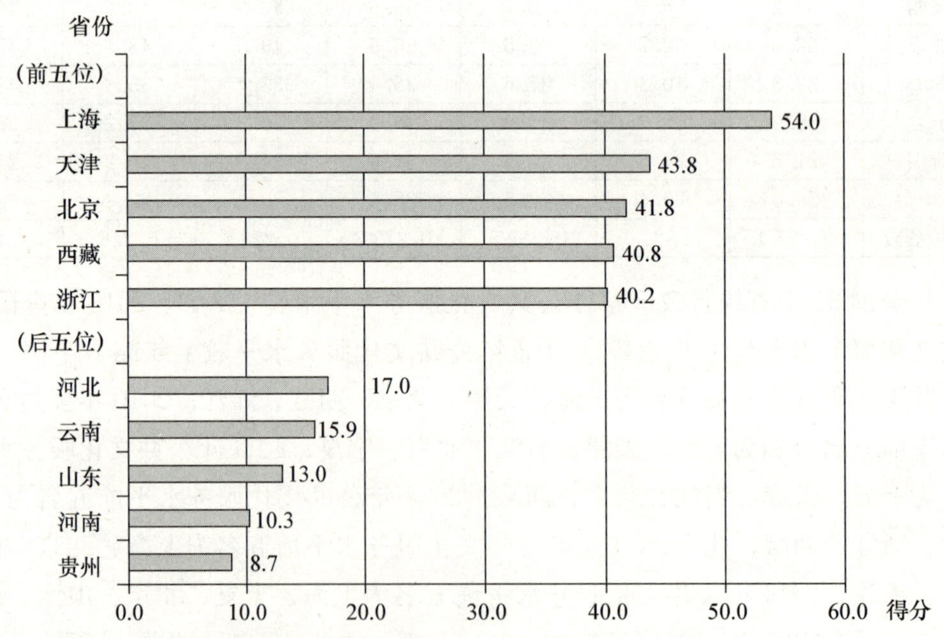

图4-1 2009年我国公共文化服务水平排名

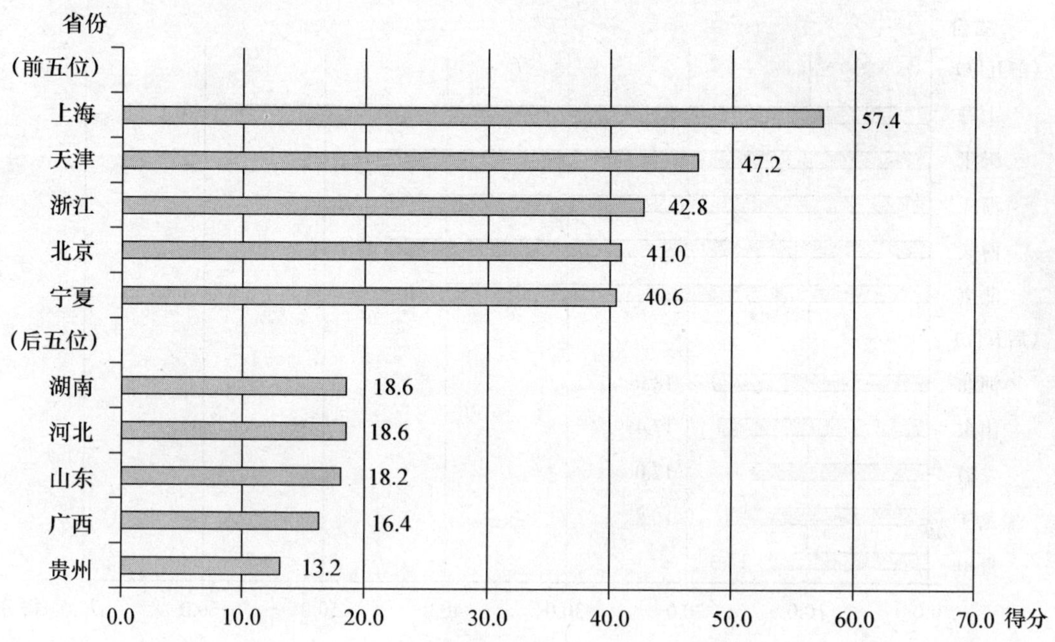

图 4－2　2010 年我国公共文化服务水平排名

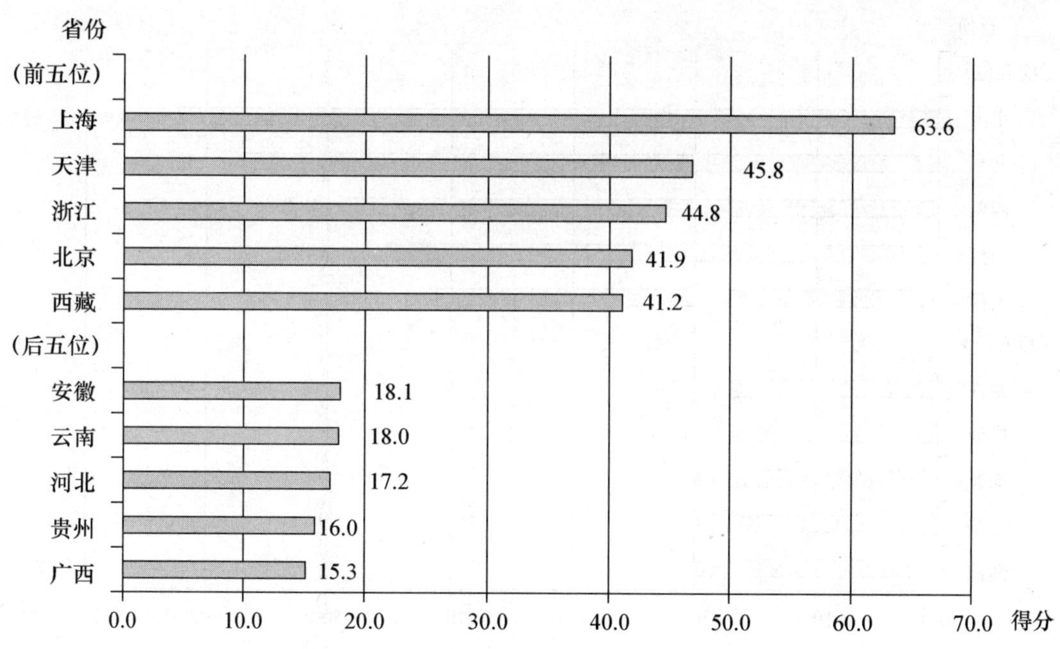

图 4－3　2011 年我国公共文化服务水平排名

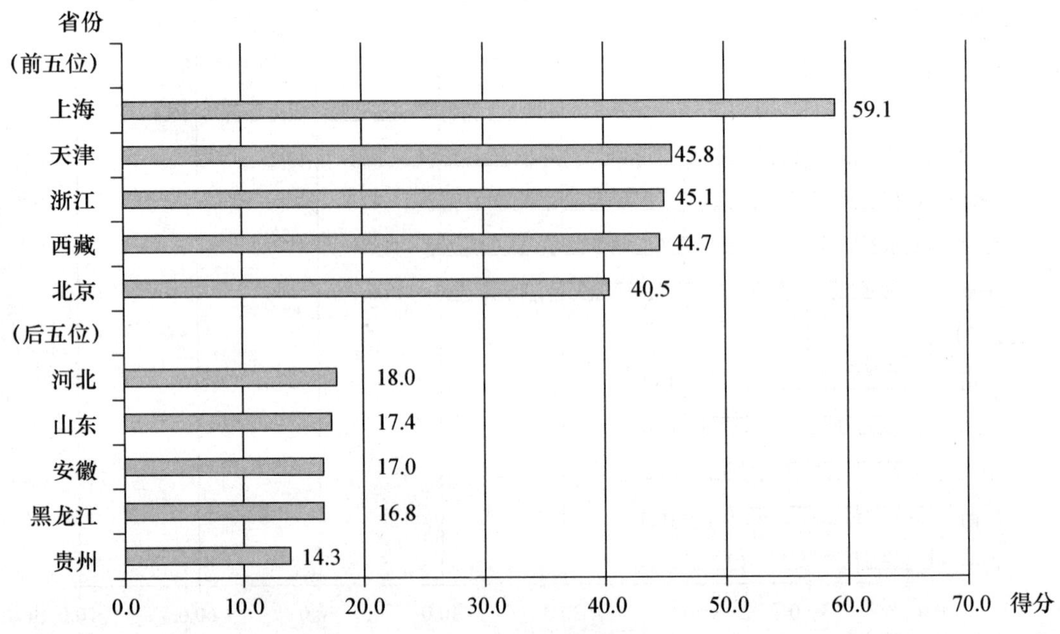

图 4-4　2012 年我国公共文化服务水平排名

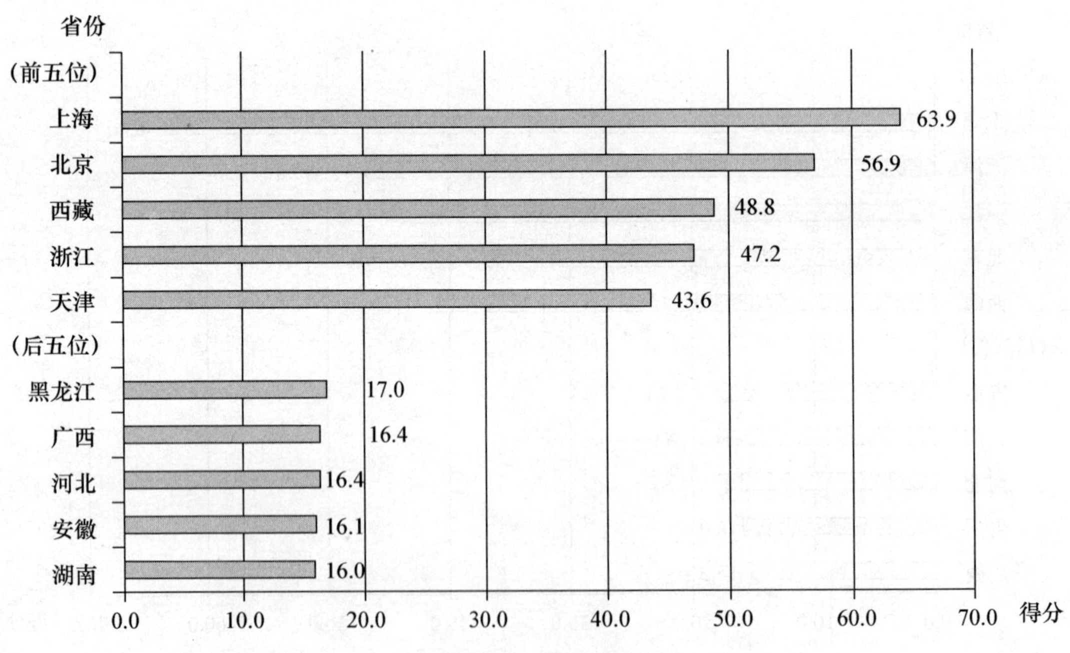

图 4-5　2013 年我国公共文化服务水平排名

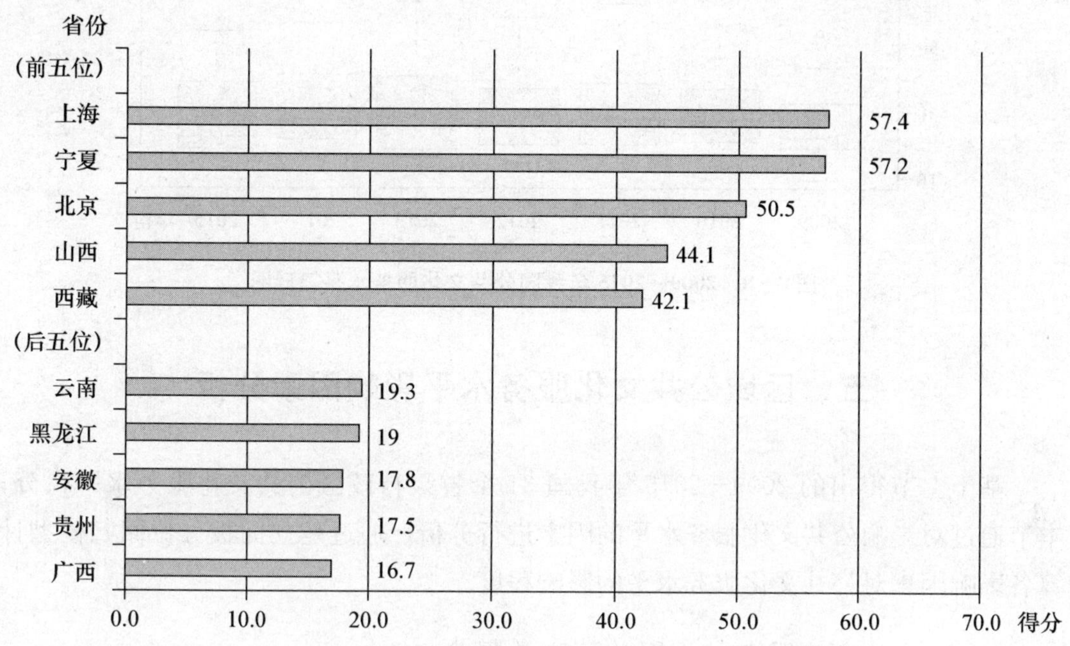

图 4-6　2014 年我国公共文化服务水平排名

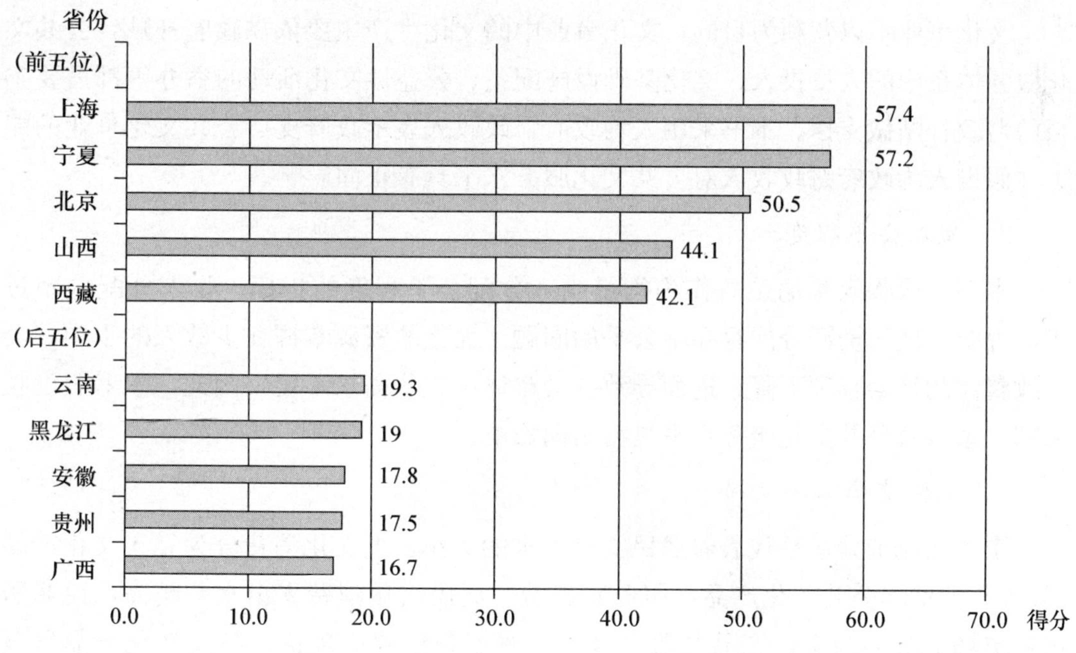

图 4-7　2015 年我国公共文化服务水平排名

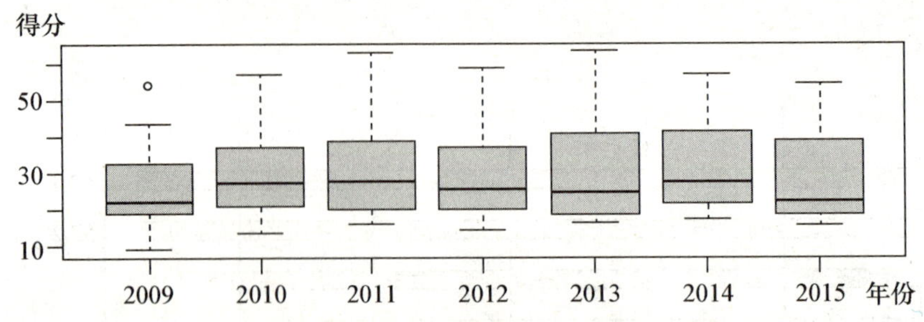

图 4-8　2009—2015 年我国公共文化服务水平箱形图

五、区域公共文化服务水平影响因素分析

基于上节得出的 2009—2015 年我国 31 个省级行政区公共文化服务水平得分，本节通过对影响公共文化服务水平的因素进行分析，通过建立面板分位回归模型计算各影响因素对公共文化服务水平的影响程度。

(一) 公共文化服务水平影响因素变量定义

1. 政府财政收入水平

文化事业不以营利为目的，文化事业中的文化生产主要依靠政府补贴，公共文化服务体系中的人员投入、文化基础设施配备、公益性文化活动的举办等都需要丰裕的财政补贴做支撑。本书采用人均政府财政收入表示政府支持公共文化事业的能力并假设人均政府财政收入对公共文化服务水平具有正向影响。

2. 收入公平程度

本书选取收入基尼系数作为衡量收入分配公平程度的指标。收入分配差距过大，说明该地区资源分配存在不公平的问题。大量的资源掌握在少数人的手中，会导致整体的社会福利下降，进而导致社会整体的文化需求不足。因此，本书假设收入基尼系数对公共文化服务水平具有负向影响。

3. 文化消费水平

个人文化消费水平代表着居民文化需求的大小，但文化消费分为私人文化产品（服务）消费和公共文化产品（服务）消费。居民文化消费支出水平越高，说明居民从市场上购买的文化产品与服务越多。根据挤出效应理论，私人文化产品（服务）的消费增加很可能会降低个人对公共文化产品（服务）的需求。本书拟用人均居民文教娱乐消费现金支出这一指标衡量文化消费支出水平。

4. 人口密度水平

现代经济学研究表明，资金、人才等资源要素都存在资源聚集效应。人口密度高，能够吸引相对更多的资金、人才等资源聚集，促进本地区公共文化服务水平的提高，例如北京、上海等城市是我国人口密度较高的城市，同时也是人才、资金、文化资源汇聚的中心。因此，本书假设人口密度水平对于公共文化服务水平具有正向作用。

5. 居民文化素质水平

居民文化素质水平对文化消费有正向影响，具体表现为社会居民文化素质水平越高，文化消费需求就越旺盛，对公共文化产品（服务）的需求也就越旺盛。因此，居民文化素质水平的提高能够促进公共文化产品（服务）水平的提高。本书采用居民人均受教育年限作为衡量居民文化素质水平的指标，并假设居民文化素质水平对公共文化服务水平具有正向影响。

（二）公共文化服务水平影响因素分析

公共文化服务水平影响因素的具体模型可以表示为：

$$EQT_{it}=\alpha_{it}+\beta_1 POP_{it}+\beta_2 GENE_{it}+\beta_3 EDU_{it}+\beta_4 CON_{it}+\beta_5 GOV+\varepsilon_{it} \quad (4-9)$$

其中，β_i 为回归系数，i 代表省级行政区的个数（本书中省级行政区的个数为31个），t 表示时间，ε_{it} 为随机误差项，POP 代表人口密度，$GENE$ 代表基尼系数，EDU 代表人均受教育年限，CON 代表人均居民文教娱乐消费现金支出，GOV 代表人均财政收入。

公共文化服务水平影响因素分位回归结果见表4-3。

表4-3　　　　公共文化服务水平影响因素分位回归结果

参数	传统面板模型	Q10	Q25	Q50	Q75	Q90
Intercept	—	−0.648 9*** (−22.385 9)	−0.533 8*** (−19.596 7)	−0.164 8*** (−4.261 0)	0.353 5 *** (4.903 4)	0.926 8*** (6.143 6)
POP	−0.123 8 (−1.716 1)	−1.710 9 (0.807 2)	−0.027 5 (1.078 8)	−0.048 56 (−1.043 3)	−0.118 87 (0.990 6)	−0.020 9 (−0.194 7)
GENE	−0.052 1 (0.711)	−0.032 4 (−0.784 7)	−0.014 63 (−0.297 69)	−0.141 1*** (−3.068 9)	−0.366 4*** (−6.994 0)	−0.021 5 (−0.103 0)

续前表

参数	传统面板模型	Q10	Q25	Q50	Q75	Q90
EDU	0.684 4*** (7.835 8)	0.006 7 (0.138 2)	0.020 2 (0.454 4)	0.300 4*** (3.040 9)	0.642 1*** (4.703 8)	0.848 72*** (3.772 6)
CON	−0.312 3* (−2.461 7)	0.071 5 (0.822 2)	0.008 9 (0.081 8)	−0.180 6* (−1.461 3)	−0.211 4* (2.129 4)	−0.454 17 (−1.726 6)
GOV	1.038 9*** (9.204 8)	0.235 3* (2.452 2)	0.373 2*** (3.536 8)	0.786 5*** (5.057 6)	1.124 7*** (6.063 9)	1.354 2*** (5.303 5)

注：***表示 $P<0.001$，**表示 $P<0.01$，*表示 $P<0.05$。

从各项指标来看，居民平均受教育年限、人均政府财政收入对于公共文化服务水平都具有正向影响。从模型计算结果来看，正向影响因素中，对于公共文化服务水平影响最大的是人均政府财政收入。对于五个不同分位点水平，人均政府财政收入都是最为重要的影响因素，文化事业基本的资金来源为政府财政投入，资金的充裕程度又决定了当地公共文化服务体系中的人员投入水平、基础文化设施建设等，因此，政府对于公共文化服务体系的支持力度是决定公共文化服务水平高低的核心因素。此外，居民受教育年限对公共文化服务水平的正向影响也十分明显，这表明一个区域的居民文化水平对当地的公共文化服务水平起着积极的作用。基尼系数、人口密度、人均居民文教娱乐消费现金支出对公共文化服务水平具有负向影响。第一，基尼系数反映收入分配的公平性，基尼系数越大，表示该区域收入水平差距越大。数据显示，当收入差距扩大时，社会资源分配不均衡会导致社会整体文化需求下降，进而导致公共文化服务水平下降。第二，数据显示，当人口密度过大时，会降低每个人能够享受到的公共文化服务，因此，我国公共文化服务在人口密度相对较高的区域应当进一步增加投入。第三，人均居民文教娱乐消费现金支出代表个人文化消费支出，由于替代效应，当个人文化消费支出增加时，社会对于公共文化产品需求下降会带动公共文化服务水平降低。从传统面板回归的结果来看，只有人均受教育水平和财政收入水平对公共文化服务水平的影响较大。从面板分位回归模型的结果来看，各影响因素对不同水平下公共文化服务的作用程度不同。实证结果显示，与传统面板回归模型相比，面板分位回归模型能够更加充分利用数据。

从影响因素作用的变动程度来看，在较低分位点的公共文化服务的服务水平受人口密度的影响更大，在较高分位点的公共文化服务的服务水平受基尼系数的影响更大，区域教育水平对较低和较高分位点的公共文化服务的服务水平影响较大，人均政府财政收入对各个分位水平的区域影响都比较显著，是影响公共文化服务水平最为重要的因素指标。具体来说，在10%分位点处，这些省级行政区的公共文化服务水平处于全国最低水平，在该分位点处，对公共文化服务水平影响最大的是人均政府财政收入和居民人均受教育年限。当其他条件不发生改变时，人均政府财政收入每提高1%，公共文化服务水平就提高0.235 3%，居民人均受教育年限每提高1%，公共文化服务水平就提高0.006 7%。在25%分位点处的省级行政区的公共文化服务水平处于全国中低水平。当其他条件不发生改变时人均政府财政收入每提高1%，公共文化服务水平就提高0.368 4%。在50%分位点处的省级行政区的公共文化服务水平处于全国中等水平，在该分位处，人均政府财政收入、居民人均受教育年限、基尼系数、人均居民文教娱乐消费现金支出对公共文化服务水平的影响较大，人均政府财政收入对此处的公共文化服务水平的影响变大，人均政府财政收入每提高1%，公共文化服务水平就提高0.786 5%；居民人均受教育年限每提高1%，公共文化服务水平就提高0.300 4%；基尼系数每提高1%，公共文化服务水平就下降0.141 1%；人均居民文教娱乐消费现金支出对公共文化服务水平有负向影响，人均居民文教娱乐消费现金支出每增加1%，公共文化服务水平就下降0.180 6%。在75%分位点处的省级行政区的公共文化服务水平处于全国较高水平，在该分位处，人均政府财政收入、居民人均受教育年限、基尼系数、人均居民文教娱乐消费现金支出对公共文化服务水平的影响较大。在90%分位点处的省级行政区的公共文化服务水平处于全国最高水平，在该分位点处，人均政府财政收入、居民人均受教育年限对公共文化服务水平的影响较大。

本章小结

本章基于我国31个省级行政区2009—2015年的数据，利用面板分位回归模型分析我国公共文化服务水平及差异程度，并对造成差异的原因进行剖析，分析影响区域公共文化服务水平的环境因素及环境因素的影响程度。统计模型计算结果表明，面板分位回归相对于传统面板回归而言，能够从更为全面的角度对不同水平的被解释变量受到解释变量的影响程度进行分析。计算结果表明，在10%分位点和25%分位点处，公共文化服务水平最主要受人均政府财政收入影响，其他影响因素的影响作用不显著。在50%分位点、75%分位点和90%分位点处，对公共文化服务水平产生显著影响的要素增多，人均政府财政收入、居民人均受教育年限、基尼系数、人均居民文教娱乐消费现金支出对公共文化服务水平产生显著影响。

第五章　中国区域文化消费水平及其影响因素研究

随着我国经济社会的高速发展，我国居民的整体收入水平和整体消费水平不断提升，居民的文化需求日益旺盛。马斯洛的需求层次理论、马克思的个人发展三阶段理论等均认为，精神需求是人类需求中较为高层次的需求，精神需求要在满足基本的衣、食、住、行等物质需求后才会产生。世界各国的历史发展经验也表明，在人们的温饱需求得到满足之后，生活状态由生存型向发展型转变，衣、食、住、行等必需品消费占总消费的比重将会逐渐下降，文化产品占总消费支出的比重开始逐步提高。在经济社会发展的带动下，我国居民物质生活由极度匮乏到逐渐满足，精神文化需求呈现爆发式增长，因此，我国文化消费具有巨大的发展潜力。文化消费对于我国经济社会发展具有重大意义：第一，文化消费对于我国经济发展具有积极作用。文化消费是居民消费的重要组成部分，在我国市场经济发展初期，由于人民的物质生活水平较低，文化需求不旺盛，文化消费的经济效应不突出，但随着我国经济水平和生活水平的提高，文化消费占居民总消费的比重日趋上升，文化消费的经济价值日益凸显。文化消费水平提升不仅能够促进我国居民消费总量提升，还能够促进居民消费结构不断优化，进而促进我国经济总量增长，对经济发展起到提质增效的作用。第二，文化消费对文化生产具有重要的影响作用。生产与消费相互依赖、相互推动、密不可分，文化消费必然对文化生产具有重要影响。作为文化生产链条的终端环节，文化消费是文化生产的内生动力，对文化生产具有决定作用。对文化产业来说，文化消费作为文化产品和服务价值实现的环节，具有优化文化产业结构、推动文化产业升级、拓展文化产业新领域、催生文化产业新业态、拉长文化产业链条的重要作用。文化生产也反作用于文化消费，文化生产繁荣的同时也能够促进文化消费。两者之间互相促进，同时互相制约。提升文化消费水平能够直接促进我国文化产业和文化事业的发展，也是突破文化产业和文化事业发展瓶颈的重要手段。第三，文化消费具有积极的社会效应。文化消费与其他消费不同的是，文化消费在形成社会共同价值观、满足人民精神文化需求、提升人民整体文化素质、增强社会文明程度、促进社会和谐发展等方面具有重要作用。这些作用形成合力，成为推动我国社会健康和谐发展的精神动力与支撑。根据发达国家的历史经验，人均GDP达到5 000美元，文化消费将呈现爆发式增长。2015年我国人均GDP已超过7 000美元，居民文化消费水平虽呈现增长趋势但并未呈现爆发式增长。相关研究表明，在人均GDP同等水平下，我国的文化消费仅为发达国家的30%，我国居民文化消费水平与其他国家相比还处于较低水平。本章对影响文化消费水平的影响因素进行系统分析，找到提升文化消费水平的发展瓶颈，对促进文化产业、文化事业健康发展，提升我国文化整体实力具有重要的研究意义。

一、文化消费影响因素文献综述

现代消费理论的初期阶段可以追溯到凯恩斯（John Maynard Keynes，1936）在《就业、利息与货币通论》中提出的“绝对收入假定”的消费理论，在该理论中，凯恩斯初步建立起消费与收入的关系。新古典经济学的研究表明，影响需求的主要因素包括商品的价格、收入、其他商品的价格因素等。Bourdieu（1984）、Veblen（1899）在文化消费研究之初就认为，文化消费是一种休闲阶级的“炫耀性消费”。文化消费反映了阶级的差异性，能够区分人所属的不同阶级。当个人资产越多时，这种“炫耀性消费”就越多，同时阶级的不同与个人的收入紧密相关，因此这种观点从另外一个角度也认同了文化消费和收入的紧密关系。Chenery（1975）通过对100多个国家的人均GDP与文化消费水平的关系进行实证研究，发现当人均GDP从3 000美元上升到5 000美元时，文化消费支出占总消费支出的比例也由23%上升到35%，文化消费水平随着经济发展水平的提升快速增长。收入水平提高首先意味着消费者具有更强的购买力，这为追求效用最大化的消费者突破现有的消费水平约束转向更高的消费水平提供了可能。Tally Katz Gerro（1999），Goldthorpe、John H.（2007），Arthur S. Alderson（2007）等研究者以美国居民作为研究对象，发现文化消费者的受教育程度、性别、年龄的联合效应对于文化消费产生重要影响。总体来看，国外学者认为文化消费水平的影响因素大致包括：收入、社会阶层、教育程度、种族、年龄、性别、职业、地位、家庭成员结构、地理因素、文化产品和服务的价格、文化产品和服务的属性以及质量等。

从国内研究来看，我国学者采用社会调查数据，根据我国的实际情况对文化消费水平的影响因素进行了系统的探讨。雷五明（1993），米银俊（2002），陈燕武、夏天（2006），陆立新（2009），刘洁、陈海波、肖明珍（2012），王俊杰（2012），刘恩猛（2012），陈海波、赵美玲、徐先翔（2012），李宝杨（2013），鲁红、李晓庆（2013），陈雷、张莹（2013）等学者使用面板回归模型对我国各省级行政区的文化消费水平影响因素进行分析，认为文化消费水平受到收入水平、社会地位、物价水平、消费习惯、个人兴趣、学历、年龄、职业、婚姻状况、个人闲暇时间、文化传统、消费观念、消费习惯、工作时间等因素影响。从实证分析结果来看，陈燕武、夏天（2006），陆立新（2009），刘洁、陈海波、肖明珍（2012），王俊杰（2012），李宝杨（2013）认为收入是影响文化消费最为重要的因素。以上研究对文化消费水平的影响因素集中在个人因素上，随着文化市场的发展，一些研究者将研究的目光转向市场和政府对文化消费水平的影响。张晓明（2006）认为，文化消费包括社会公共文化消费，政府的相关政策和制度会促进文化消费水平提升，政府提供的文化事业财政补贴对文化消费水平具有正向影响作用，公共文化服务体系不成熟、不健全会抑制社会文化消费支出。左惠（2009）、颜士锋（2011）认为，文化市场上的文化产品供给对文化消费有重要影响。张为付等（2014）提出文化产品供给、个人文化需求、文化流通是影响文化消费最主要的三个要素。吴崇宇、华斌、王裕雄（2015）通过构建了宏观居民消费研究与微观个体消费研究的理论桥梁，提出我国居民消费受到我国居民收入水平、人口结构等环境因素影响。《中国文化消费报告 2014》中提出，经济因素是影响文化消费最为重要的因素，经济发展较好的地区，文化消费需求更加旺盛，文化消费水平高且文化消费范围宽。我国各地区经济发展的差异性导致我国各地区文化消费的差异性较大，华东、华北、华南经济发展水平高，这三个地区的文化消费水平也高于全国平均文化消费水平；我国西北、东北、西南等地区属于经济欠发达地区，这三个地区的文化消费水平也低于全国平均文化消费水平。地区经济发展水平高，会使得地区平均收入水平高；地区平均收入水平高，意味着人均可支配收入高，也就是消费能力增强；消费能力较强，进行文化消费的倾向也较高。因此，经济发展水平高的地区文化消费水平也会相应较高，经济发展水平的差异化影响着区域间文化消费支出分布。

从现有的研究文献中不难发现，文化消费研究主要停留在理论研究层面，并且文化消费水平影响因素实证研究中没有针对环境影响因素对不同文化消费水平的影响进行分析。本章节在梳理先前文献的基础上，总结文化消费影响因素理论，采用面板分位回归模型，基于 2009—2015 年 31 个省级行政区文化消费数据分析我国居民文化消费影响因素及其作用机制。

二、区域文化消费水平影响因素分析

（一）文化消费水平影响因素变量定义

1. 居民收入水平

根据收入水平理论，收入是文化消费的物质基础，是影响文化消费的最重要因素［陈燕武、夏天（2006），陆立新（2009），刘洁、陈海波、肖明珍（2012），王俊杰（2012），李宝杨（2013）］。马斯洛需求层次理论认为，针对不同层次的需求，人们的消费方式会有很大的不同；精神需求是在满足物质需求的基础上产生的需求，是属于享受性需求和发展层次的需求；随着居民收入水平的提升，在满足衣、食、住、行等较低层次的基本生存需求之后，人们才会满足文化需求等较高层次精神文化的需求，文化产品（服务）的消费量也必然伴随着收入水平的提升而提升。本书使用居民人均可支配收入（元/人）反映城镇居民的收入水平。

2. 政府投入水平

政府文化领域的投入水平代表了当地政府对文化生产及居民文化需求的重视程度。政府的文化投入能够营造良好的文化消费环境，起到激励、扶持、引导、保障、整合文化消费的作用，从而促进居民文化消费水平的提升。公共文化产品消费也是文化消费的重要组成部分，政府可以通过加大投入、完善公共文化服务体系、提供更多的公共产品（服务）来提升当地居民的文化消费水平。因此，政府在文化领域的投入能够进一步释放居民的文化需求。本书采用人均文化娱乐财政拨款作为政府投入水平的衡量指标。

3. 城市化水平

城市是区域发展的中心，相对于农村来说，城市具有更强的资源集聚和辐射带动能力。城市的文化产业发展成熟程度和文化事业发展成熟程度都相对更强，城市化的推进促使文化资源集中，因此城市能够提供更加丰富的文化产品和较好的公共文化服务。同时，城市化能够将一部分农村人口转变为城市人口，这种转变有利于文化消费习惯的形成，促进文化消费需求的进一步释放。本书采用城镇化率来衡量城市化水平。

4. 居民文化素质水平

文化消费不同于普通商品消费，文化消费所提供的文化产品（服务）是为了满足人的精神需求，文化产品的价值通过满足消费者精神享受需要和发展层次需要来体现，因此受教育程度不同的消费者对文化产品（服务）消费存在不同的消费观念。一般来说，消费者受到的教育程度越高，其文化素质相对越高，文化素质较高的消费者追求个人素质全面发展的意识和欲望会更为强烈，对于文化产品（服务）的消费需求和消费意愿也就越高。文化需求是具有自我强化功能的引致性需求，也就是说，消费者受教育的程度越高，过往的文化投入也就越高，建立起来的消费资本越多，会促使消费者对于文化产品（服务）的需求增加。一些高雅的文化产品（服务）对于消费者文化素质水平有所要求，文化产品（服务）的消费能力需要有知识积累，因此消费者的文化素质以及鉴赏能力对于文化消费水平具有较大的影响。文化素质水平高，消费者的消费领域也相对广泛，并且对于新的文化消费热点接受能力更强。综上，居民文化素质水平的整体提高能够带动整体居民文化消费水平的提高。居民文化素质水平本书采用居民人均受教育年限这一指标来反映。

5. 社会老龄化水平

随着我国社会老龄化水平的提高，老龄人口作为一个特殊群体，其文化消费问题日益受到关注。由于医疗技术进步、生育率增长缓慢以及我国生育政策等多重原因，我国人口老龄化趋势越来越明显。老龄人口这一个特殊群体一般来说可支配收入较高、闲暇时间十分丰富，应当是文化消费的重要力量，但由于我国文化产品对于老龄人口没有专门细分，老龄人口的文化消费动力不足。因此，在我国，老龄化水平对文化消费水平有正面影响作用的同时也具有负面影响作用（吴崇宇、华斌、王裕雄，2015 等）。本书采用老龄人口占总人口比重和人口抚养比来表示社会老龄化水平。

（二）基于面板分位回归的文化消费水平影响因素分析

分位回归与传统的最小二乘回归相比，分位回归能够更加全面地分析不同水平下的因变量受到解释变量的不同影响。传统最小二乘回归只能够拟合一条被解释变量与解释变量曲线，分位回归能够根据研究者的设定对于不同水平下的解释变量和被解释变量拟合多条曲线。在本章中，选取分位回归模型能够更加全面地刻画不同分位下文化消费水平受到环境因素的影响程度，对数据的利用更加充分。另外，分位回归模型受到异常值数据影响较小，因此从模型的稳定性来看，分位回归模型比传统回归模型更加具有稳定性。为了在模型中考虑个体之间的差异，兼顾时间因素，本书使用面板数据建模，以更加充分地利用数据信息进行分析。

分位回归采用最小一乘法，基本表达式为：

$$Y_{it}(\tau j \mid x_{it},\alpha_i)=X_{it}{}^{T}\beta(\tau_j)+\alpha_i \tag{5-1}$$

充分考虑到个体效应，引入惩罚项代替原始的高斯惩罚项，通过求解惩罚函数式来求出面板分位回归参数的估计值：

$$\min\sum_{k=1}^{q}\sum_{i=1}^{n}\sum_{j=1}^{t}w_k\rho(\tau_k)(Y_{it}-\alpha_i-X_{it}\beta(\tau_k)+\lambda\sum_{i=1}^{n}|\alpha_i|) \tag{5-2}$$

本书采用2009—2015年居民人均文教娱乐支出作为居民文化消费水平的衡量指标，文化消费水平影响因素分位回归基本表达式为：

$$\begin{aligned}CONSUME_{it}=&\alpha_{it}+\beta_1 INCOME_{it}+\beta_2 CIR_{it}+\beta_3 AGDP_{it}+\beta_4 GOV_{it}\\&+\beta_5 EDU_{it}+\beta_6 OLD_{it}+\beta_7 FOS_{it}+\varepsilon_{it}\end{aligned} \tag{5-3}$$

式中，*INCOME* 表示居民人均可支配收入，*CIR* 表示城镇化率，*AGDP* 表示人均GDP，*GOV* 表示文化娱乐财政拨款，*EDU* 表示居民人均受教育年限，*OLD* 代表60岁以上老龄人口占总人口的比重，*FOS* 表示人口抚养比。

文化消费水平影响因素分位回归结果见表5-1。

表5-1　　文化消费水平影响因素分位回归结果

参数	普通面板	Q10	Q25	Q50	Q75	Q90
Intercept	—	−0.433 1*** (−8.372 7)	−0.234 02*** (−4.281 6)	0.018 6 (0.238 1)	0.284 3*** (4.808 5)	0.474 8 (18.181 2)
INCOME	0.202 4* (2.048 8)	0.563 8*** (7.473 1)	0.740 2*** (9.290 3)	0.897 25*** (6.550 9)	0.871 5*** (6.547 68)	0.941 2*** (8.668 8)
CIR	0.094 1 (0.356 5)	0.282 3** (3.044 1)	0.182 5 (1.882 7)	0.127 7 (0.108 9)	0.258 4** (2.882 99)	0.226 80** (2.752 9)
AGDP	0.022 9 (0.364 7)	0.032 8 (0.510 1)	−0.047 3 (−0.733 5)	−0.084 0* (−2.189 3)	−0.047 3 (−0.829 0)	0.003 4 (0.056 8)
GOV	0.002 5 (0.090 8)	−0.053 6 (−1.223 9)	−0.060 03 (−0.589 61)	−0.025 8 (−0.294 0)	0.033 88 (0.232 2)	−0.004 1 (−0.019 1)
EDU	0.006 1 (1.168 0)	0.006 3 (0.057 3)	0.013 91 (0.122 0)	0.025 1 (0.052 8)	0.037 7 (0.676 1)	0.048 7 (0.584 2)
OLD	0.016 9 (0.540 5)	0.024 30 (0.397 8)	0.006 6 (0.186 5)	0.007 9 (0.201 9)	−0.004 7 (−0.098 3)	−0.038 03 (1.064 74)
FOS	−0.090 1 (−1.312 4)	0.024 01 (0.597 1)	0.045 67 (0.833 1)	−0.012 32 (−0.294 9)	0.025 98 (0.612 1)	0.061 5* (2.301 02)

注："()"内为 t 值，***表示 $P<0.001$，**表示 $P<0.01$，*表示 $P<0.05$。

基于面板分位回归计算的结果显示，城镇居民人均可支配收入、城镇化率、居民人均受教育年限对文化消费水平都具有正向影响，在正向影响因素中，对文化消费支出水平影响最大的是城镇居民人均可支配收入。人均 GDP、文化娱乐财政拨款、老龄人口占总人口的比重以及人口抚养比在不同分位起到的影响作用不同。从一般面板回归的结果来看，只有城镇居民人均可支配收入对文化消费水平影响较大。基于面板分位回归可以得到更为细致、更为全面的分析结果，面板分位回归的具体结果如下：在 10%分位点处，也就是文化消费水平处于全国最低水平，在此分位处城镇居民人均可支配收入、城镇化率对文化消费水平都具有显著影响。当其他条件不发生改变，城镇居民人均可支配收入每提高 1%，文化消费水平就提高 0.563 8%，城镇化率每提高 1%，文化消费水平就提高 0.282 3%。在 25%分位点处，对文化消费水平影响最大的因素是城镇居民人均可支配收入；在这一分位水平上，城镇居民人均可支配收入对文化消费水平的影响相对于 10%分位处的影响要大，其他要素的影响力度基本持平。在 50%分位点处，对文化消费水平影响最大的仍是城镇居民人均可支配收入和人均 GDP，并且城镇居民人均可支配收入的影响相较低分位消费水平的作用力更大。在 75%分位点处，城镇居民人均可支配收入以及城市化水平对文化消费水平的影响力度相较中低文化消费水平分位处进一步增大，其他因素的影响力不显著。在 90%分位处，城镇居民人均可支配收入、城镇化率以及人口抚养比对文化消费水平产生显著影响，城镇居民人均可支配收入以及城镇化率仍然是最核心的影响因素。

从影响因素作用的变动趋势来看，随着分位数的提高，居民人均可支配收入对于文化消费支出的影响程度也随之增长，居民人均可支配收入的系数从 10%分位处的 0.202 4 上升到 90%分位处的 0.941 2，说明随着我国文化消费水平的提升，人均可支配收入对居民文化消费水平的影响程度增加。居民人均可支配收入对文化消费的拉动作用持续增加，这意味着文化消费水平较低的居民的主要需求是较低层次的生存需求，收入对于文化消费的影响程度不高，与文化消费水平较高的居民的需求层次不同，文化消费水平较高的居民的可支配收入增加时，能够对文化消费水平的提高有较大的影响，人们可以追求更高层次的文化消费。

随着文化消费分位点的提高，60 岁以上老龄人口占总人口比重这一影响因素由正转负，说明人口老龄化程度增加，意味着有更多文化消费时间的老龄人口数量增加，因此对较低分位的消费水平的文化消费具有正向促进作用，但是我国老龄人口的文化消费普遍未完全开发出来，因此在较高分位处起到了负向的作用。城镇化率系数的变动趋势先降后升，对于较低和较高文化消费水平的影响作用比较明显。

随着文化消费水平分位点的增加，居民受教育年限对文化消费的影响程度也呈现增加的趋势。

本章小结

本章基于我国31个省级行政区2008—2015年的数据，分析我国区域文化消费水平现状以及我国区域文化消费水平的影响因素、作用机制。在模型使用上，本章采用面板分位回归。面板分位回归比普通面板回归能够更加充分地利用数据信息。使用面板分位回归模型得到的计算结果如下：文化消费水平不同分位处受到影响因素的影响程度不同。从整体来看，城镇居民人均可支配收入、城市化率、居民人均受教育年限对文化消费水平都具有正向影响；在正向影响因素中，对文化消费支出水平影响最大的是居民人均可支配收入和城市化水平，人均GDP、文化娱乐财政拨款、居民人均受教育年限、60岁以上老龄人口占总人口比重、人口抚养比这几个要素对于文化消费水平的影响呈波动趋势。整体来说，居民的人均可支配收入和城市化水平是文化消费最为显著的推动因素。

第六章　中国区域文化力整体评价

在经济全球化的时代背景下，文化全球化趋势明显，国际文化竞争日趋加剧。一方面，随着市场化发展，文化的经济效应日益凸显，文化产业作为“21 世纪最后一块暴利蛋糕”成为世界各国竞争的焦点。另一方面，文化力的整体提升能够提高国家整体的吸引力、竞争力、影响力，因此世界各国对文化发展的重视程度日益提高。党的十八大提出，要扎实推进社会主义文化强国建设，提高国家文化实力和竞争力，但从我国的实际发展情况来看，由于发展起步较晚，我国文化在全球范围内整体实力和影响力不足。

文化力是促进经济、社会发展的重要力量，对文化力进行研究并进行系统评价具有重要现实意义。当前，关于文化力的研究较少，且主要以理论研究为主，本章将基于文化力现有研究构建文化力评价体系，从省域、城市两个视角评价我国文化力发展现状，挖掘各区域文化力发展的优势和不足，为我国文化力的整体提升提供理论基础。

一、构建文化力评价统计指标体系

本书所研究的文化泛指所有文化产品（服务）的创作、生产、消费的全过程，因此文化力作为文化的作用力，不是指单纯的某一种“力”，而是文化多重要素相互影响而形成的一种文化综合力。本书站在供需角度，从文化生产、消费全过程入手，加入影响文化生产、文化消费的经济、社会、资源环境因素，将文化力分为文化生产力、文化消费力、文化环境力三个核心要素。因此，单个指标无法全面地分析评估这种多要素分力共同作用的合力，需要通过建立科学的统计指标体系，才能够系统、客观、全面地反映文化力的现状，对文化力进行合理的量化。因此本书基于理论研究层面的文化力理论分析，兼顾统计数据的可得性，建立文化力评估统计指标体系，客观、有效地评价我国区域文化力水平。根据本书所界定的文化力内涵和文化力核心要素理论分析以及统计指标的可得性、可比性、代表性，选取相关文化生产力、文化消费力、文化发展环境力统计指标，构建文化力统计评价指标体系。

（一）文化生产力

根据前文的文化力理论分析，供给侧文化生产力包括体现文化“经济属性”的文化产业生产力和体现文化“社会属性”的文化事业生产力。经营性文化产业是以市场经营为主，从事文化产品和服务的经营性行业，它随着经济社会发展水平的提高，越来越成为丰富人民群众精神文化生活的主要渠道。文化产业生产力的经济属性表现为：在市场化推动下，文化产业的发展进一步促进文化与经济融合，文化的经济功能被进一步挖掘。公益性文化事业是以政府扶持为主而发展起来的，文化事业发展是保障人民群众基本文化利益的重要途径。文化事业生产力的社会属性表现为：通过政府干预，由文化事业单位和其他公益性单位提供保障人民群众基本文化权益和满足人民群众基本文化需求的公共文化产品（服务）。文化对个人具有塑造品格、教化育人、满足精神需要的功能，对社会具有社会导向和社会整合的作用。文化产品亦不同于普通产品，它是满足人们精神需要的产品，能够提高人的品行、修养、智力，同时能够起到价值导向的作用。因此，文化生产不能够全部市场化、产业化。文化生产全部市场化、产业化会与文化产品本身的公共产品特性和正向的外部影响效应相冲突，导致市场失灵，对文化社会功能的发挥反而会起到阻碍作用。公共文化产品由文化事业提供具有合理性和必要性。本书对文化产业生产力从文化产业从业人员数量、文化产业投资规模、文化企业规模、文化产业创新、文化产业整体营业收入水平五方面进行衡量，具体由文化及相关产业从业人员数量、分地区文化及相关产业固定资产投资额、文化及相关产业企业个数、国内文化及相关产业专利授权数、文化及相关产业营业收入等统计指标来体现。文化事业生产力从文化事业投入、文化事业从业人员数量、公共文化设施数量和公共文化产品（服务）提供数量四个方面去衡量，由文化事业费、文化事业实际完成基建投资额、公共图书馆从业人员数量等统计指标来体现。

（二）文化消费力

文化消费与文化生产相对应，文化消费力包括私人文化产品（服务）消费力和公共文化产品（服务）消费力，其中私人文化产品消费（服务）是消费者为了满足自身的精神文化需求，通过文化市场消费精神文化类产品和服务的行为。私人文化产品（服务）具有竞争性和排他性，由文化产业生产提供。公共文化产品（服务）

是由政府及下属事业单位生产提供、用以保障人民群众的基本文化权益以及满足人的基本文化需求的文化产品（服务）。公共文化产品具有非排他性和非竞争性。文化消费力与文化生产力相互促进、相互影响，私人文化产品消费主要消费的是文化产业生产的文化产品（服务），公共文化产品消费主要消费的是文化事业生产的文化产品（服务）。个人文化产品消费的提高对文化产业生产的带动作用十分明显，而公共文化产品的消费能够进一步促进文化事业的发展，促进公共文化服务体系效率的提高。反过来，文化产业和文化事业的繁荣发展能够为居民文化消费提供更多的选择空间，能够进一步释放居民文化消费需求。因此，文化消费力与文化生产力相互作用、互为支撑。对于私人文化产品（服务）消费力，本书通过农村居民文教娱乐消费现金支出、城镇居民文教娱乐消费现金支出等统计指标来衡量。对于公共文化产品（服务）消费力，本书通过公共文化产品的消费程度和参与程度来体现，具体衡量统计指标为公共图书馆总流通人次、公共图书馆图书外借次数、群众参与文化机构组织文艺活动次数等。

（三）文化环境力

文化环境力包括经济社会环境影响力和文化资源影响力。通过前文实证分析，文化生产与消费需要经济社会环境影响力的支撑，而文化资源影响力衡量了一个区域的文化资源禀赋，通过文化资源的开发促进文化生产力、文化消费力的提高，进而提升整体文化力。因此，文化环境力直接对文化生产、文化消费产生作用，从而达到促进整体文化力提升的作用。根据前文文化产业效率、文化事业发展水平以及文化消费水平的影响因素实证分析结果，对经济社会环境影响力，本书从城市化水平、经济发展水平、科技发展水平、居民文化素质水平四个角度进行衡量。城市化水平提升能够促进文化资源聚集，促进文化生产和文化消费效率的提高，在文化效率影响因素实证研究中，城镇化水平对文化产业效率的影响最大，本书采用城镇化率来体现城市化水平；经济水平反映了经济环境的好坏，经济是文化发展的基本前提，本书选取人均政府财政收入和居民人均可支配收入作为衡量经济发展水平的指标，在公共文化服务水平实证研究中，人均政府财政收入对公共文化服务水平影响最大，而在文化消费水平实证研究中，居民人均可支配收入对文化消费水平的影响最大。科技是文化发展的催化剂，科学技术创新不断优化文化产品的生产、传播方式，带来了文化内容的不断创新和传播手段的重大变革，科技发展水平采用高技术产业研发项目数来衡量。居民文化素质水平对文化产业发展和文化消费都有较大的影响，本书采用居民人均受教育年限衡量居民文化素质水平。文化资源环境力主要用于衡量区域所具有的历史文化资源禀赋，本书采用国家级自然保护区、国家级重点风景名胜区、世界级自然文化遗产、国家级自然文化遗产的数量等统计指标进行衡量。因此，根据文化力理论分析，结合我国31个省级行政区文化力数据可得性，构建区域文化力评价指标体系，包含3个核心要素、6个分要素、45个评价指标，具体评价指标体系如表6-1所示。

表6-1　　文化力评价指标体系（省域）

<table>
<tr><th>核心要素</th><th>分要素</th><th>评价指标</th></tr>
<tr><td rowspan="24">文化生产力</td><td rowspan="5">文化产业生产力</td><td>文化及相关产业从业人数（万人）</td></tr>
<tr><td>分地区文化及相关产业固定资产投资额（万元）</td></tr>
<tr><td>国内文化及相关产业专利授权数（个）</td></tr>
<tr><td>文化及相关产业营业收入（亿元）</td></tr>
<tr><td>文化及相关产业企业个数（万个）</td></tr>
<tr><td rowspan="19">文化事业生产力</td><td>文化事业费（亿元）</td></tr>
<tr><td>文化事业实际完成基建投资额（亿元）</td></tr>
<tr><td>公共图书馆数量（个）</td></tr>
<tr><td>文化馆数量（个）</td></tr>
<tr><td>文化站数量（个）</td></tr>
<tr><td>博物馆数量（个）</td></tr>
<tr><td>艺术表演团体数量（个）</td></tr>
<tr><td>艺术表演场馆数量（个）</td></tr>
<tr><td>公共图书馆从业人员数量（万人）</td></tr>
<tr><td>文化站从业人员数量（万人）</td></tr>
<tr><td>文化馆从业人员数量（万人）</td></tr>
<tr><td>博物馆从业人员数量（万人）</td></tr>
<tr><td>艺术表演团体从业人员数量（万人）</td></tr>
<tr><td>艺术表演场馆从业人员数量（万人）</td></tr>
<tr><td>文化机构主管部门个数（个）</td></tr>
<tr><td>文化机构主管部门从业人员数量（个）</td></tr>
<tr><td>有线广播电视传输干线网络总长（万公里）</td></tr>
<tr><td>有线广播电视用户数（万户）</td></tr>
<tr><td>公共广播节目套数（套）</td></tr>
<tr><td></td><td></td><td>公共电视台节目套数（套）</td></tr>
<tr><td rowspan="9">文化消费力</td><td rowspan="2">私人文化产品（服务）消费力</td><td>农村居民文教娱乐消费现金支出（元）</td></tr>
<tr><td>城镇居民文教娱乐消费现金支出（元）</td></tr>
<tr><td rowspan="7">公共文化产品（服务）消费力</td><td>公共图书馆总流通人次（万次）</td></tr>
<tr><td>公共图书馆图书外借次数（万册次）</td></tr>
<tr><td>群众参与文化机构组织文艺活动次数（万次）</td></tr>
<tr><td>群众参与文化机构举办训练班次（万次）</td></tr>
<tr><td>群众参与文化机构培训人次（万次）</td></tr>
<tr><td>艺术表演团体演出观众人次（万次）</td></tr>
<tr><td>艺术演出场馆观众人次（万次）</td></tr>
</table>

续前表

核心要素	分要素	评价指标
文化环境力	经济社会环境力	城镇化率（%）
		居民人均可支配收入（元）
		人均政府财政收入（元）
		高技术产业研发项目数（个）
		居民人均受教育年限（年）
	文化资源环境力	国家级自然保护区数量（个）
		国家级重点风景名胜区数量（个）
		世界级自然文化遗产数量（个）
		国家级自然文化遗产数量（个）
		全国重点文物保护单位数量（个）
		国家级非物质文化遗产数量（个）

二、基于中国省域数据的文化力实证分析

基于上节所建立的文化力评价指标体系，采用统计方法对指标进行合理赋权，进而对我国31个省级行政区2015年文化整体实力及各分文化要素力进行评价，揭示我国各省级行政区文化力水平、优势以及短板。在本书中，选择确定文化力统计评价指标体系各个指标权重的方法是熵权法。“熵”是对系统状态不确定性的一种度量，使用熵权法给指标赋权可以避免通过主观评价对统计评价指标体系各个指标进行赋权，评价结果更加具有客观性、科学性，熵权法在计算上可以通过MATLAB软件实现。

熵权法赋权的具体计算步骤如下：

第一步：数据标准化。

正向指标标准化方法为：

$$Y_{ij}=(x_{ij}-x_{\min(j)})/(x_{\max(j)}-x_{\min(j)}) \tag{6-1}$$

逆向指标标准化方法为：

$$Y_{ij}=(x_{\max(j)}-x_{ij})/(x_{\max(j)}-x_{\min(j)}) \tag{6-2}$$

式中，$x_{\max(j)}=\max\limits_{i\in\{1,\cdots,m\}}\{x_{ij}\}$，$x_{\min(j)}=\min\limits_{i\in\{1,\cdots,m\}}\{x_{ij}\}$。

第二步：指标熵值的计算。

$$e_j=-K\sum_{i=1}^{m}P_{ij}\ln P_{ij}$$

式中，$K=1/\ln(m)$，$P_{ij}=Y_{ij}/\sum\limits_{i=1}^{m}Y_{ij}$，$i=1,2,\cdots,m;j=1,2,\cdots,n$。（6-3）

第三步：指标权重的计算。

$$W_j = \frac{1-e_j}{\sum_{j=1}^{m}(1-e_j)} \quad (j=1,2,\cdots,n) \tag{6-4}$$

式中，$W_j \in [0,1]$，且 $\sum_{j=1}^{n} W_j = 1$。

（一）省级行政区文化力整体评价

根据表 6-2 中的省域文化力得分可以看出，排在 2015 年我国省域文化力综合得分前五名的分别为江苏、广东、浙江、河南、山东，其中江苏、广东、浙江、山东同属沿海经济发达省份，具有雄厚的经济实力和深厚的文化底蕴。从文化力分布情况来看，文化力较强的省份集中在东部，文化力排名前五名的省级行政区中有 4 个属于我国的东部地区（包括江苏、广东、浙江、山东），有 1 个属于我国的中部地区（河南），西部地区无一位列全国前五名，因此我国文化力从省域角度来看差异十分明显，且具有地域特征，呈现东强西弱、南强北弱的态势。

表 6-2　　2015 年 31 个省级行政区文化力比较分析

文化力			文化生产力			文化消费力			文化环境力		
排名	省份	得分	排名	省份	得分	排名	省份	得分	排名	省份	得分
1	江苏	80.2	1	广东	93.2	1	浙江	83.1	1	福建	68.4
2	广东	79.8	2	江苏	90.4	2	河南	79.3	2	江西	67.2
3	浙江	77.3	3	浙江	77.8	3	上海	72.3	3	河南	65.3
4	河南	62.0	4	河南	60.5	4	广东	69.7	4	湖南	59.5
5	山东	57.3	5	山东	58.6	5	江苏	64.3	5	浙江	56.9
6	湖南	43.2	6	四川	44.3	6	山东	60.0	6	河北	54.9
7	四川	40.5	7	湖南	41.2	7	湖南	43.8	7	安徽	48.7
8	北京	38.8	8	陕西	41.0	8	湖北	41.3	8	山西	48.0
9	河北	38.3	9	北京	38.6	9	新疆	35.6	9	北京	47.0
10	陕西	37.2	10	河北	36.9	10	福建	35.5	10	云南	46.0
11	福建	36.7	11	山西	34.1	11	河北	34.9	11	辽宁	45.7
12	上海	35.2	12	湖北	33.7	12	四川	34.4	12	山东	42.6
13	山西	34.4	13	安徽	33.3	13	山西	32.6	13	陕西	40.8
14	安徽	33.4	14	上海	29.3	14	陕西	28.9	14	江苏	40.1
15	湖北	33.0	15	福建	28.8	15	辽宁	28.6	15	四川	39.9
16	江西	32.0	16	甘肃	28.0	16	江西	25.8	16	重庆	35.0
17	辽宁	29.0	17	辽宁	25.9	17	云南	23.8	17	黑龙江	25.2
18	云南	23.4	18	江西	25.4	18	北京	23.6	18	湖北	23.2
19	广西	22.6	19	广西	25.1	19	内蒙古	23.2	19	内蒙古	21.2
20	重庆	22.1	20	重庆	19.6	20	广西	22.8	20	广东	20.4
21	甘肃	21.2	21	云南	18.4	21	安徽	22.4	21	广西	18.6

续前表

文化力			文化生产力			文化消费力			文化环境力		
排名	省份	得分	排名	省份	得分	排名	省份	得分	排名	省份	得分
22	内蒙古	17.2	22	黑龙江	15.4	22	天津	18.7	22	宁夏	13.7
23	黑龙江	16.7	23	新疆	15.4	23	重庆	17.7	23	吉林	13.3
24	新疆	16.3	24	贵州	15.3	24	吉林	16.3	24	甘肃	12.8
25	天津	15.5	25	内蒙古	14.8	25	黑龙江	13.9	25	贵州	9.9
26	贵州	13.8	26	天津	13.7	26	甘肃	12.2	26	西藏	9.0
27	吉林	13.0	27	吉林	11.9	27	贵州	12.0	27	青海	8.6
28	西藏	9.2	28	西藏	10.9	28	海南	7.9	28	上海	6.9
29	青海	8.5	29	青海	9.6	29	青海	5.3	29	天津	5.9
30	海南	6.4	30	海南	5.7	30	宁夏	5.3	30	海南	3.9
31	宁夏	6.0	31	宁夏	3.4	31	西藏	5.2	31	新疆	1.5

使用聚类分析法，根据文化力得分可以将31个省级行政区分成三类，从表6-3的计算结果可以看出，文化力第一梯队（包括江苏、广东、浙江、河南、山东）的文化力聚类中心得分是第二梯队文化力聚类中心得分的两倍多，第二梯队文化力聚类中心得分是第三梯队文化力聚类中心得分的两倍多，不同梯队的文化力差异巨大。

表6-3　　2015年31个省级行政区文化力等级分类

文化力所属等级	省份	聚类中心得分
第一梯队	江苏、广东、浙江、河南、山东	71.32
第二梯队	湖南、四川、北京、河北、陕西、福建、上海、山西、安徽、湖北、江西、辽宁、云南	35.98
第三梯队	山西、安徽、湖北、江西、辽宁、天津、贵州、吉林、西藏、青海、海南、宁夏	15.13

文化生产力、文化环境力、文化消费力是构成文化力的核心要素，文化生产与文化消费互相影响，文化环境同时作用于文化生产和文化消费。根据2015年31省文化力数据对文化生产力、环境力、消费力之间的相关性进行分析，皮尔森相关系数（Pearson correlation coefficient）如表6-4所示。按照相关系数大于0.6存在较高的线性相关性的标准，可以看出，文化生产力和文化环境力之间、文化生产力和文化消费力之间都是显著线性相关关系，而文化环境力和文化消费力之间是高度线性相关关系，说明这三个变量之间的线性相关性较强。

表 6-4　　文化生产力、环境力、消费力之间的相关性（基于省域文化力数据）

变量	文化生产力	文化消费力	文化环境力量
文化生产力	1.000 0	0.676 0	0.700 3
文化消费力	0.676 0	1.000 0	0.756 4
文化环境力	0.700 3	0.756 4	1.000 0

同样，基于 2015 年 31 个省级行政区文化力数据对文化生产力、文化环境力、文化消费力进行关联性分析，可得如表 6-5 所示的关联性表。可以看出，文化生产力与文化环境力同时低的概率为 34.4%；文化生产力低同时文化环境力也低的概率为 92%。文化消费力中下同时文化环境力低的概率为 28.1%；文化消费力中下同时文化环境力低的概率为 81.8%。说明文化生产力和文化消费力水平低会影响文化环境力水平低，即文化生产和文化消费的发展水平对整个社会经济和社会环境会产生影响。

表 6-5　　文化生产力、环境力、消费力之间的关联性

	Support	Confidence
文化生产力低与文化环境力低	0.34	0.92
文化消费力中下与文化环境力低	0.28	0.82

（二）文化生产力分要素水平评价及比较分析

文化生产力是文化力的核心组成部分，包含文化产业生产力和文化事业生产力两大组成部分。从评估结果上来看，文化生产力排名前五位的分别是广东、江苏、浙江、山东、北京，可以看出文化生产力与文化力的前五名比较一致，文化生产力最强的五个省份中，有四个同时位于文化力最强的前五名，说明文化生产力对于文化综合力有着重要的影响，从文化事业生产力来看，文化力最强的五个省份中，江苏和浙江的文化事业生产力排名不在前五之列，分别为第六名和第七名。

表 6-6　　2015 年 31 省级行政区文化生产力比较分析

文化产业生产力			文化事业生产力		
排名	省份	得分	排名	省份	得分
1	广东	196.6	1	河南	70.9
2	江苏	134.4	2	江苏	70.2
3	浙江	99.5	3	浙江	66.8
4	山东	72.6	4	四川	53.2
5	北京	54.1	5	陕西	53.0
6	上海	49.0	6	山东	52.3

续前表

文化产业生产力			文化事业生产力		
排名	省份	得分	排名	省份	得分
7	福建	43.0	7	广东	47.3
8	河南	39.1	8	山西	47.0
9	湖南	37.5	9	湖南	43.2
10	四川	26.7	10	河北	42.9
11	安徽	25.8	11	甘肃	39.4
12	江西	25.5	12	湖北	37.0
13	湖北	24.8	13	安徽	36.2
14	河北	24.1	14	广西	31.3
15	天津	22.5	15	辽宁	29.8
16	重庆	20.1	16	北京	28.0
17	陕西	16.8	17	江西	25.6
18	辽宁	16.2	18	云南	23.0
19	广西	11.8	19	福建	21.6
20	贵州	8.9	20	上海	20.2
21	黑龙江	8.0	21	新疆	20.2
22	云南	8.0	22	内蒙古	19.2
23	山西	7.4	23	黑龙江	19.0
24	吉林	5.9	24	重庆	18.9
25	内蒙古	5.5	25	贵州	18.5
26	新疆	5.5	26	西藏	15.9
27	甘肃	4.6	27	吉林	14.7
28	海南	2.6	28	青海	13.6
29	青海	1.6	29	天津	9.5
30	宁夏	1.3	30	海南	7.2
31	西藏	0.8	31	宁夏	4.4

(三)文化消费力分要素水平评价及比较分析

文化消费力分为私人文化产品消费力和公共文化产品消费力。私人文化产品消费力主要反映居民从文化市场购买文化商品的能力，因此私人文化产品消费力是从文化消费货币支出的角度来衡量的；公共文化产品消费力主要衡量公众对政府及相关文化事业单位提供的文化公共产品的消费使用情况。从整体文化消费力来看，浙江、河南、上海、广东、江苏位居我国文化消费水平前列，其中上海、江苏、浙江的私人文化产品消费力同样位居全国前五名。河南省私人文化产品消费力位居第21位，但是由于河南省公共文化产品消费力得分位列第二位，因此整体文化消费力居于全国文化消费力第二名的位置。

表 6-7　　2015 年 31 个省级行政区文化消费力比较分析

私人文化产品消费力			公共文化产品消费力		
排名	省份	得分	排名	省份	得分
1	北京	47.6	1	浙江	84.2
2	浙江	45.7	2	河南	80.9
3	上海	43.6	3	上海	73.2
4	江苏	43.6	4	广东	70.8
5	湖南	42.1	5	江苏	64.9
6	内蒙古	42.0	6	山东	60.9
7	天津	36.9	7	湖南	43.9
8	辽宁	35.8	8	湖北	41.5
9	广东	34.8	9	新疆	35.9
10	吉林	33.9	10	福建	35.6
11	宁夏	33.5	11	河北	35.1
12	福建	33.1	12	四川	34.7
13	陕西	32.8	13	山西	32.6
14	山西	32.6	14	陕西	28.7
15	湖北	32.6	15	辽宁	28.3
16	黑龙江	31.3	16	江西	25.7
17	贵州	30.9	17	云南	23.7
18	山东	30.3	18	北京	22.9
19	重庆	29.2	19	内蒙古	22.6
20	甘肃	28.7	20	广西	22.6
21	河南	28.3	21	安徽	22.3
22	江西	28.0	22	天津	18.2
23	云南	27.8	23	重庆	17.3
24	青海	27.8	24	吉林	15.7
25	河北	27.7	25	黑龙江	13.3
26	安徽	27.4	26	甘肃	11.7
27	广西	27.1	27	贵州	11.4
28	海南	26.5	28	海南	7.3
29	新疆	25.5	29	西藏	5.1
30	四川	24.8	30	青海	4.6
31	西藏	8.4	31	宁夏	4.4

（四）文化环境力分要素水平评价及比较分析

文化环境力主要衡量区域经济因素以及文化资源禀赋推动文化发展的能力。文化发展不是无水之源、无本之木。通过之前的研究可以看出，文化产业发展、文化事业发展以及文化消费水平都受到多种外部因素影响，因此文化环境力是文化力的重要组成部分。文化环境力分为经济社会文化环境力和文化资源环境力。从31个省级行政区文化环境力计算结果（见表6－8）来看，广东、江苏、浙江、山东、北京位列全国经济社会文化环境力前五名。从分布来看，这五个省级行政区都属于我国东部地区，经济社会文化环境力与文化力表现一致，同样出现了东强西弱的态势。从文化资源环境力来看，福建、江西、河南、湖南、浙江等省份位居前列，区域分布相对均衡。

表6－8　　2015年31个省级行政区文化环境力比较分析

经济社会文化环境力			文化资源环境力		
排名	省份	得分	排名	省份	得分
1	广东	130.1	1	福建	68.4
2	江苏	127.0	2	江西	67.2
3	浙江	106.4	3	河南	65.3
4	山东	73.0	4	湖南	59.5
5	北京	60.1	5	浙江	56.9
6	上海	55.6	6	河北	54.9
7	天津	44.3	7	安徽	48.7
8	福建	32.5	8	山西	48.0
9	湖北	29.1	9	北京	47.0
10	安徽	27.5	10	云南	46.0
11	四川	25.4	11	辽宁	45.7
12	重庆	24.6	12	山东	42.6
13	河南	23.1	13	陕西	40.8
14	江西	21.7	14	江苏	40.1
15	河北	21.0	15	四川	39.9
16	湖南	20.7	16	重庆	35.0
17	陕西	18.9	17	黑龙江	25.2
18	辽宁	17.6	18	湖北	23.2
19	黑龙江	15.1	19	内蒙古	21.2
20	海南	14.1	20	广东	20.4
21	贵州	14.1	21	广西	18.6
22	内蒙古	12.7	22	宁夏	13.7
23	吉林	12.6	23	吉林	13.3
24	云南	12.2	24	甘肃	12.8
25	宁夏	11.2	25	贵州	9.9
26	山西	10.2	26	西藏	9.0

续前表

经济社会文化环境力			文化资源环境力		
排名	省份	得分	排名	省份	得分
27	广西	10.1	27	青海	8.6
28	新疆	9.0	28	上海	6.9
29	青海	7.2	29	天津	5.9
30	甘肃	6.7	30	海南	3.9
31	西藏	6.0	31	新疆	1.5

三、基于城市数据的文化力实证分析

本章在上一小节基于2015年31个省级行政区统计数据对我国文化力进行了整体评估。省域数据的优点在于它能够全面、整体地对我国文化力的发展情况进行评估，但是对于省域内部的发展情况不能够进行合理的反映，本小节将省域数据细分成更小的子区域。由于受数据可得性的限制，本书对2015年我国236个地级以上城市文化力进行整体评价，对于省域内的发展情况进行更为细致的评估。

（一）地级以上城市文化力整体评价

由于数据可得性的问题，城市文化力评价指标体系的某些指标与省域文化力的评价指标略有不同，城市文化力评价指标体系具体详见表6-9。

表6-9　　　　城市文化力评价指标体系

核心要素	分要素	评价指标
文化生产力	文化产业生产力	文化及相关产业从业人数（万人）
		文化及相关产业增加值（亿）
		专利授权数（件）
		国家级文化科技融合示范基地数（个）
		公共图书馆数（个）
	文化事业生产力	公共图书馆图书总藏量（千册．件）
		群众艺术馆数（个）
		文化馆数（个）
		艺术表演团体机构数（个）
		普通高等学校数（个）
		普通高等学校专任教师数（人）
		广播节目综合人口覆盖率（%）
		电视节目综合人口覆盖率（%）

续前表

核心要素	分要素	评价指标
文化环境力	经济社会环境力	人均 GDP（元）
		城市化水平（%）
		居民平均受教育年限（年）
	文化资源环境力	国家级自然保护区（个）
		国家级重点风景名胜区（个）
		世界级自然文化遗产（个）
		国家级自然文化遗产（个）
		全国重点文物保护单位（个）
		国家级非物质文化遗产（个）
文化消费力	私人文化产品消费力	居民人均文化娱乐用品支出（元）
		居民人均文化娱乐服务支出（元）
		居民人均教育支出（元）
	公共文化产品消费力	公共图书馆总流通人次（万次）
		公共图书馆图书外借次数（万册次）
		群众参与文化机构组织文艺活动人次（万次）
		群众参与文化机构举办训练班人次（万次）
		群众参与文化机构培训人次（万次）
		艺术表演团体演出观众人次（万次）

城市文化力相关数据主要来源于《中国城市统计年鉴 2016》《中国区域经济统计年鉴 2016》《中国文化文物统计年鉴 2016》以及 236 个城市的城市统计年鉴和公报等。236 个地级以上城市文化力排名及核心要素得分见表 6－10。

表 6－10　　236 个地级以上城市文化力排名及核心要素得分

综合文化力			文化生产力		
排名	城市	得分	排名	城市	得分
1	北京市	495	1	北京市	594
2	上海市	394	2	上海	493
3	重庆市	366	3	重庆市	391
4	深圳市	363	4	昆明市	320
5	天津市	281	5	深圳市	239
6	广州市	235	6	绍兴市	214
7	西安市	209	7	成都市	188
8	昆明市	191	8	潍坊市	169
9	绍兴市	181	9	杭州市	161
10	成都市	176	10	广州市	141
11	杭州市	175	11	肇庆市	138
12	武汉市	166	12	台州市	136
13	南京市	147	13	武汉市	134
14	潍坊市	134	14	西安市	122

续前表

综合文化力			文化生产力		
排名	城市	得分	排名	城市	得分
15	苏州市	129	15	天津市	119
16	长沙市	115	16	南京市	116
17	台州市	114	17	苏州市	109
18	郑州市	114	18	东莞市	108
19	沈阳市	108	19	沈阳市	102
20	东莞市	107	20	长沙市	97
21	宁波市	107	21	大连市	96
22	肇庆市	98	22	绵阳市	85
23	济南市	94	23	达州市	84
24	大连市	92	24	无锡市	82
25	合肥市	92	25	宁波市	79
26	长春市	88	26	长春市	78
27	福州市	83	27	福州市	76
28	太原市	82	28	贵阳市	76
29	贵阳市	79	29	郑州市	76
30	温州市	78	30	榆林市	70
31	哈尔滨市	77	31	合肥市	69
32	南昌市	74	32	温州市	69
33	常州市	73	33	常州市	66
34	无锡市	71	34	克拉玛依市	66
35	绵阳市	70	35	唐山市	64
36	石家庄市	67	36	哈尔滨市	63
37	青岛市	65	37	青岛市	62
38	南宁市	61	38	呼和浩特市	61
39	厦门市	61	39	吉林市	61
40	乌鲁木齐市	61	40	太原市	61
41	达州市	59	41	乌鲁木齐市	61
42	呼和浩特市	58	42	济南市	59
43	南通市	57	43	徐州市	59
44	徐州市	56	44	驻马店市	57
45	唐山市	54	45	惠州市	56
46	镇江市	52	46	南宁市	56
47	惠州市	51	47	永州市	56
48	榆林市	51	48	厦门市	55
49	吉林市	49	49	宿州市	53
50	克拉玛依市	49	50	银川市	52
51	兰州市	48	51	南昌市	49
52	银川市	47	52	石家庄市	49

续前表

综合文化力			文化生产力		
排名	城市	得分	排名	城市	得分
53	金华市	45	53	烟台市	48
54	渭南市	43	54	镇江市	47
55	烟台市	43	55	大理市	46
56	桂林市	42	56	桂林市	46
57	秦皇岛市	42	57	秦皇岛市	45
58	驻马店市	42	58	渭南市	45
59	永州市	41	59	兰州市	44
60	宿州市	40	60	洛阳市	44
61	扬州市	40	61	昭通市	44
62	洛阳市	39	62	拉萨市	41
63	大理市	38	63	漳州市	41
64	衡阳市	37	64	舟山市	40
65	淮安市	35	65	金华市	39
66	湘潭市	35	66	三明市	39
67	漳州市	34	67	阜新市	38
68	舟山市	34	68	南通市	38
69	昭通市	33	69	淮安市	37
70	海口市	32	70	湘潭市	36
71	拉萨市	32	71	鄂尔多斯市	35
72	三明市	32	72	衡阳市	35
73	宜昌市	32	73	宜昌市	34
74	保定市	31	74	东营市	33
75	盐城市	31	75	黄山市	33
76	淄博市	31	76	淄博市	33
77	鄂尔多斯市	29	77	海口市	32
78	阜新市	29	78	邯郸市	30
79	东营市	28	79	贺州市	30
80	邯郸市	28	80	吉安市	30
81	泰州市	27	81	平顶山市	30
82	芜湖市	27	82	铁岭市	30
83	西宁市	27	83	呼伦贝尔市	29
84	黄山市	26	84	泰州市	29
85	平顶山市	25	85	扬州市	28
86	运城市	25	86	双鸭山市	27
87	株洲市	25	87	乌海市	27
88	吉安市	24	88	武威市	27
89	九江市	24	89	盐城市	27
90	廊坊市	24	90	鸡西市	26

续前表

综合文化力			文化生产力		
排名	城市	得分	排名	城市	得分
91	汕头市	24	91	聊城市	26
92	双鸭山市	24	92	钦州市	26
93	铁岭市	24	93	西宁市	26
94	呼伦贝尔市	23	94	襄阳市	26
95	开封市	23	95	黄石市	25
96	龙岩市	23	96	临汾市	25
97	马鞍山市	23	97	临沂市	25
98	南阳市	23	98	龙岩市	25
99	泰安市	23	99	鞍山市	24
100	新乡市	23	100	开封市	24
101	本溪市	22	101	本溪市	23
102	贺州市	22	102	郴州市	23
103	黄石市	22	103	九江市	23
104	济宁市	22	104	六安市	23
105	连云港市	22	105	南平市	23
106	聊城市	22	106	泰安市	23
107	临汾市	22	107	潮州市	22
108	十堰市	22	108	抚州市	22
109	乌海市	22	109	怀化市	22
110	武威市	22	110	淮南市	22
111	襄阳市	22	111	十堰市	22
112	鞍山市	21	112	运城市	22
113	包头市	21	113	丹东市	21
114	淮南市	21	114	广元市	21
115	焦作市	21	115	济宁市	21
116	柳州市	21	116	南阳市	21
117	六安市	21	117	宁德市	21
118	南平市	21	118	三亚市	21
119	钦州市	21	119	汕头市	21
120	宿迁市	21	120	上饶市	21
121	沧州市	20	121	孝感市	21
122	潮州市	20	122	长治市	21
123	郴州市	20	123	株洲市	21
124	德阳市	20	124	保定市	20
125	德州市	20	125	承德市	20
126	抚州市	20	126	抚顺市	20
127	锦州市	20	127	菏泽市	20
128	临沂市	20	128	六盘水市	20

续前表

综合文化力			文化生产力		
排名	城市	得分	排名	城市	得分
129	岳阳市	20	129	新乡市	20
130	湛江市	20	130	宿迁市	20
131	安庆市	19	131	岳阳市	20
132	滨州市	19	132	沧州市	19
133	抚顺市	19	133	赤峰市	19
134	贵港市	19	134	德州市	19
135	怀化市	19	135	黑河市	19
136	鸡西市	19	136	淮北市	19
137	三亚市	19	137	连云港市	19
138	孝感市	19	138	柳州市	19
139	长治市	19	139	包头市	18
140	承德市	18	140	池州市	18
141	丹东市	18	141	德阳市	18
142	阜阳市	18	142	贵港市	18
143	宁德市	18	143	汉中市	18
144	萍乡市	18	144	鹤岗市	18
145	衢州市	18	145	衡水市	18
146	上饶市	18	146	焦作市	18
147	宝鸡市	17	147	马鞍山市	18
148	池州市	17	148	梅州市	18
149	广元市	17	149	萍乡市	18
150	汉中市	17	150	铜陵市	18
151	菏泽市	17	151	玉溪市	18
152	六盘水市	17	152	安庆市	17
153	梅州市	17	153	宝鸡市	17
154	赤峰市	16	154	保山市	17
155	滁州市	16	155	滨州市	17
156	衡水市	16	156	阜阳市	17
157	淮北市	16	157	锦州市	17
158	景德镇市	16	158	廊坊市	17
159	南充市	16	159	辽阳市	17
160	商丘市	16	160	衢州市	17
161	邵阳市	16	161	邵阳市	17
162	铜陵市	16	162	芜湖市	17
163	新余市	16	163	湛江市	17
164	玉溪市	16	164	张家界市	17
165	安阳市	15	165	白城市	16
166	鹤岗市	15	166	百色市	16

续前表

综合文化力			文化生产力		
排名	城市	得分	排名	城市	得分
167	黑河市	15	167	景德镇市	16
168	辽阳市	15	168	丽江市	16
169	乌兰察布市	15	169	吕梁市	16
170	信阳市	15	170	南充市	16
171	邢台市	15	171	伊春市	16
172	宜春市	15	172	宜春市	16
173	营口市	15	173	营口市	16
174	枣庄市	15	174	张家口市	16
175	遵义市	15	175	朝阳市	15
176	百色市	14	176	崇左市	15
177	保山市	14	177	大同市	15
178	崇左市	14	178	固原市	15
179	大同市	14	179	鹤壁市	15
180	金昌市	14	180	葫芦岛市	15
181	盘锦市	14	181	金昌市	15
182	莆田市	14	182	三门峡市	15
183	咸宁市	14	183	石嘴山市	15
184	玉林市	14	184	咸宁市	15
185	张家界市	14	185	信阳市	15
186	张家口市	14	186	邢台市	15
187	白城市	13	187	宜宾市	15
188	蚌埠市	13	188	玉林市	15
189	鹤壁市	13	189	安阳市	14
190	葫芦岛市	13	190	巴彦淖尔市	14
191	嘉峪关市	13	191	定西市	14
192	丽江市	13	192	嘉峪关市	14
193	茂名市	13	193	盘锦市	14
194	三门峡市	13	194	莆田市	14
195	石嘴山市	13	195	商丘市	14
196	四平市	13	196	通化市	14
197	通辽市	13	197	通辽市	14
198	许昌市	13	198	新余市	14
199	宜宾市	13	199	阳泉市	14
200	巴彦淖尔市	12	200	遵义市	14
201	亳州市	12	201	蚌埠市	13
202	朝阳市	12	202	亳州市	13
203	固原市	12	203	滁州市	13
204	河池市	12	204	河池市	13

续前表

综合文化力			文化生产力		
排名	城市	得分	排名	城市	得分
205	揭阳市	12	205	濮阳市	13
206	吕梁市	12	206	曲靖市	13
207	濮阳市	12	207	四平市	13
208	曲靖市	12	208	松原市	13
209	日照市	12	209	乌兰察布市	13
210	松原市	12	210	梧州市	13
211	通化市	12	211	许昌市	13
212	梧州市	12	212	枣庄市	13
213	延吉市	12	213	来宾市	12
214	阳泉市	12	214	辽源市	12
215	伊春市	12	215	茂名市	12
216	鹰潭市	12	216	吴忠市	12
217	中卫市	12	217	延吉市	12
218	周口市	12	218	周口市	12
219	自贡市	12	219	自贡市	12
220	北海市	11	220	白银市	11
221	定西市	11	221	北海市	11
222	来宾市	11	222	七台河市	11
223	辽源市	11	223	遂宁市	11
224	吴忠市	11	224	宣城市	11
225	安康市	10	225	鹰潭市	11
226	佳木斯市	10	226	安康市	10
227	漯河市	10	227	防城港市	10
228	遂宁市	10	228	揭阳市	10
229	天水市	10	229	日照市	10
230	白银市	9	230	商洛市	10
231	防城港市	9	231	佳木斯市	9
232	七台河市	9	232	漯河市	9
233	汕尾市	9	233	汕尾市	9
234	商洛市	9	234	天水市	9
235	宣城市	9	235	中卫市	8
236	莱芜市	8	236	莱芜市	7
文化消费力			文化环境力		
排名	城市	得分	排名	城市	得分
1	广州市	125	1	西安市	1 051
2	南京市	119	2	天津市	431
3	长沙市	119	3	上海市	329
4	苏州市	101	4	北京市	317

续前表

文化消费力			文化环境力		
排名	城市	得分	排名	城市	得分
5	上海市	96	5	广州市	312
6	北京市	91	6	武汉市	253
7	萍乡市	88	7	深圳市	247
8	扬州市	83	8	杭州市	220
9	贵阳市	81	9	重庆市	220
10	杭州市	78	10	南京市	219
11	乌海市	74	11	郑州市	206
12	常州市	72	12	苏州市	179
13	马鞍山市	72	13	济南市	178
14	宁波市	71	14	宁波市	174
15	包头市	70	15	成都市	163
16	无锡市	69	16	长沙市	157
17	舟山市	68	17	合肥市	150
18	厦门市	65	18	南昌市	134
19	镇江市	65	19	太原市	133
20	昆明市	64	20	沈阳市	126
21	沈阳市	64	21	绍兴市	120
22	南通市	63	22	昆明市	113
23	长春市	63	23	长春市	113
24	呼和浩特市	62	24	石家庄市	112
25	绍兴市	62	25	哈尔滨市	111
26	成都市	61	26	东莞市	110
27	东莞市	60	27	福州市	103
28	哈尔滨市	60	28	温州市	102
29	济南市	60	29	南通市	99
30	克拉玛依市	60	30	常州市	90
31	辽源市	60	31	大连市	88
32	大连市	59	32	贵阳市	86
33	南昌市	59	33	南宁市	74
34	淮安市	58	34	青岛市	74
35	金昌市	58	35	厦门市	74
36	盘锦市	58	36	台州市	70
37	深圳市	58	37	潍坊市	65
38	温州市	58	38	镇江市	62
39	衡阳市	57	39	乌鲁木齐市	61
40	乌鲁木齐市	56	40	扬州市	60
41	淄博市	56	41	兰州市	59
42	郴州市	55	42	金华市	58

续前表

文化消费力			文化环境力		
排名	城市	得分	排名	城市	得分
43	青岛市	55	43	保定市	56
44	鹰潭市	55	44	呼和浩特市	50
45	连云港市	54	45	芜湖市	50
46	盐城市	54	46	徐州市	49
47	本溪市	53	47	无锡市	44
48	咸宁市	53	48	惠州市	40
49	玉林市	53	49	渭南市	39
50	宝鸡市	52	50	衡阳市	38
51	金华市	52	51	廊坊市	38
52	聊城市	52	52	绵阳市	38
53	新余市	52	53	盐城市	37
54	海口市	51	54	秦皇岛市	35
55	开封市	51	55	银川市	34
56	太原市	51	56	桂林市	33
57	银川市	51	57	唐山市	33
58	龙岩市	50	58	烟台市	33
59	邵阳市	50	59	运城市	31
60	东营市	49	60	株洲市	31
61	天津市	49	61	湘潭市	30
62	潍坊市	49	62	淮安市	29
63	武汉市	49	63	海口市	28
64	西安市	49	64	洛阳市	28
65	西宁市	49	65	汕头市	28
66	驻马店市	49	66	马鞍山市	27
67	阜阳市	48	67	焦作市	26
68	三亚市	48	68	西宁市	26
69	新乡市	48	69	宜昌市	26
70	鞍山市	47	70	湛江市	26
71	黄石市	47	71	吉林市	25
72	三明市	47	72	济宁市	25
73	台州市	47	73	九江市	25
74	阜新市	46	74	连云港市	25
75	锦州市	46	75	新乡市	25
76	兰州市	46	76	南阳市	24
77	廊坊市	46	77	贵港市	23
78	梧州市	46	78	邯郸市	23
79	徐州市	46	79	锦州市	23
80	株洲市	46	80	淄博市	23

续前表

文化消费力			文化环境力		
排名	城市	得分	排名	城市	得分
81	嘉峪关市	45	81	包头市	22
82	景德镇市	45	82	柳州市	22
83	柳州市	45	83	泰州市	22
84	洛阳市	45	84	宿迁市	22
85	南宁市	45	85	安庆市	21
86	南阳市	45	86	德阳市	21
87	铜陵市	45	87	泰安市	21
88	宿州市	45	88	乌兰察布市	21
89	漳州市	45	89	滨州市	20
90	北海市	44	90	沧州市	20
91	滨州市	44	91	滁州市	20
92	抚顺市	44	92	德州市	20
93	漯河市	44	93	大理市	19
94	绵阳市	44	94	开封市	19
95	衢州市	44	95	六安市	19
96	唐山市	44	96	商丘市	19
97	延吉市	44	97	十堰市	19
98	郑州市	44	98	阜阳市	18
99	辽阳市	43	99	淮南市	18
100	遂宁市	43	100	双鸭山市	18
101	湘潭市	43	101	中卫市	18
102	枣庄市	43	102	舟山市	18
103	大理市	42	103	安阳市	17
104	德阳市	42	104	衢州市	17
105	德州市	42	105	岳阳市	17
106	惠州市	42	106	漳州市	17
107	济宁市	42	107	潮州市	16
108	巴彦淖尔市	41	108	三明市	16
109	鄂尔多斯市	41	109	新余市	16
110	渭南市	41	110	信阳市	16
111	许昌市	41	111	本溪市	15
112	自贡市	41	112	龙岩市	15
113	安康市	40	113	南充市	15
114	安庆市	40	114	枣庄市	15
115	黄山市	40	115	肇庆市	15
116	焦作市	40	116	蚌埠市	14
117	三门峡市	40	117	东营市	14
118	汕头市	40	118	鄂尔多斯市	14

续前表

文化消费力			文化环境力		
排名	城市	得分	排名	城市	得分
119	沧州市	39	119	抚顺市	14
120	抚州市	39	120	南平市	14
121	怀化市	39	121	遵义市	14
122	吉林市	39	122	宝鸡市	13
123	烟台市	39	123	抚州市	13
124	重庆市	39	124	黄石市	13
125	遵义市	39	125	揭阳市	13
126	丹东市	38	126	拉萨市	13
127	合肥市	38	127	临汾市	13
128	南平市	38	128	茂名市	13
129	四平市	38	129	梅州市	13
130	泰安市	38	130	平顶山市	13
131	泰州市	38	131	莆田市	13
132	吴忠市	38	132	孝感市	13
133	湛江市	38	133	邢台市	13
134	河池市	37	134	长治市	13
135	茂名市	37	135	承德市	12
136	钦州市	37	136	池州市	12
137	商洛市	37	137	临沂市	12
138	长治市	37	138	日照市	12
139	昭通市	37	139	三亚市	12
140	滁州市	36	140	天水市	12
141	揭阳市	36	141	襄阳市	12
142	莱芜市	36	142	宜春市	12
143	莆田市	36	143	鞍山市	11
144	松原市	36	144	郴州市	11
145	宜昌市	36	145	崇左市	11
146	营口市	36	146	汉中市	11
147	岳阳市	36	147	吉安市	11
148	中卫市	36	148	佳木斯市	11
149	桂林市	35	149	景德镇市	11
150	九江市	35	150	漯河市	11
151	铁岭市	35	151	宁德市	11
152	武威市	35	152	上饶市	11
153	平顶山市	34	153	邵阳市	11
154	濮阳市	34	154	宿州市	11
155	日照市	34	155	张家口市	11
156	上饶市	34	156	赤峰市	10

续前表

文化消费力			文化环境力		
排名	城市	得分	排名	城市	得分
157	石嘴山市	34	157	衡水市	10
158	宜宾市	34	158	淮北市	10
159	永州市	34	159	四平市	10
160	榆林市	34	160	许昌市	10
161	肇庆市	34	161	周口市	10
162	安阳市	33	162	自贡市	10
163	呼伦贝尔市	33	163	百色市	9
164	来宾市	33	164	北海市	9
165	秦皇岛市	33	165	大同市	9
166	曲靖市	33	166	丹东市	9
167	十堰市	33	167	菏泽市	9
168	邯郸市	32	168	怀化市	9
169	淮南市	32	169	克拉玛依市	9
170	通辽市	32	170	聊城市	9
171	宜春市	32	171	萍乡市	9
172	玉溪市	32	172	铁岭市	9
173	汉中市	31	173	通辽市	9
174	鹤岗市	31	174	铜陵市	9
175	临汾市	31	175	武威市	9
176	宁德市	31	176	咸宁市	9
177	石家庄市	31	177	宜宾市	9
178	通化市	31	178	鹰潭市	9
179	宿迁市	31	179	营口市	9
180	运城市	31	180	榆林市	9
181	潮州市	30	181	亳州市	8
182	池州市	30	182	达州市	8
183	葫芦岛市	30	183	黑河市	8
184	丽江市	30	184	呼伦贝尔市	8
185	梅州市	30	185	黄山市	8
186	阳泉市	30	186	盘锦市	8
187	张家界市	30	187	玉溪市	8
188	保定市	29	188	白城市	7
189	保山市	29	189	阜新市	7
190	福州市	29	190	鹤壁市	7
191	菏泽市	29	191	鹤岗市	7
192	孝感市	29	192	莱芜市	7
193	周口市	29	193	辽阳市	7
194	承德市	28	194	六盘水市	7

续前表

文化消费力			文化环境力		
排名	城市	得分	排名	城市	得分
195	鹤壁市	28	195	濮阳市	7
196	淮北市	28	196	曲靖市	7
197	六盘水市	28	197	永州市	7
198	商丘市	28	198	玉林市	7
199	襄阳市	28	199	安康市	6
200	百色市	27	200	巴彦淖尔市	6
201	定西市	27	201	嘉峪关市	6
202	贺州市	27	202	金昌市	6
203	天水市	27	203	钦州市	6
204	亳州市	26	204	三门峡市	6
205	朝阳市	26	205	梧州市	6
206	固原市	26	206	延吉市	6
207	衡水市	26	207	阳泉市	6
208	吉安市	26	208	昭通市	6
209	双鸭山市	26	209	驻马店市	6
210	白城市	25	210	白银市	5
211	大同市	25	211	保山市	5
212	佳木斯市	25	212	广元市	5
213	芜湖市	25	213	河池市	5
214	南充市	24	214	葫芦岛市	5
215	汕尾市	24	215	来宾市	5
216	崇左市	23	216	丽江市	5
217	达州市	23	217	汕尾市	5
218	拉萨市	23	218	商洛市	5
219	乌兰察布市	23	219	石嘴山市	5
220	赤峰市	22	220	松原市	5
221	广元市	22	221	遂宁市	5
222	伊春市	22	222	通化市	5
223	张家口市	22	223	张家界市	5
224	邢台市	21	224	防城港市	4
225	蚌埠市	19	225	鸡西市	4
226	宣城市	19	226	辽源市	4
227	鸡西市	18	227	吕梁市	4
228	信阳市	18	228	吴忠市	4
229	吕梁市	17	229	宣城市	4
230	七台河市	17	230	伊春市	4
231	临沂市	16	231	朝阳市	3
232	六安市	13	232	定西市	3

续前表

文化消费力			文化环境力		
排名	城市	得分	排名	城市	得分
233	防城港市	8	233	固原市	3
234	贵港市	8	234	贺州市	3
235	黑河市	8	235	七台河市	3
236	白银市	6	236	乌海市	2

236个地级以上城市文化力等级评定见表6-11。

表6-11　　236个地级以上城市文化力等级评定

文化力所属等级	城市	聚类中心得分
第一梯队	北京市、上海市、重庆市、深圳市、天津市	379.80
第二梯队	广州市、西安市、昆明市、绍兴市、成都市、杭州市、武汉市、南京市、潍坊市、苏州市、长沙市、台州市、郑州市、沈阳市、东莞市、宁波市、肇庆市、济南市、大连市、合肥市、长春市、福州市、太原市、贵阳市、温州市、哈尔滨市	125.81
第三梯队	南昌市、常州市、无锡市、绵阳市、石家庄市、青岛市、南宁市、厦门市、乌鲁木齐市、达州市、呼和浩特市、南通市、徐州市、唐山市、镇江市、惠州市、榆林市、吉林市、克拉玛依市、兰州市、银川市、金华市、渭南市、烟台市、桂林市、秦皇岛市、驻马店市、永州市、宿州市、扬州市、洛阳市、大理市、衡阳市、淮安市、湘潭市、漳州市、舟山市、昭通市、海口市、拉萨市、三明市、宜昌市、保定市、盐城市、淄博市、鄂尔多斯市、阜新市、东营市、邯郸市、泰州市、芜湖市、西宁市、黄山市、平顶山市、运城市、株洲市、吉安市、九江市、廊坊市、汕头市、双鸭山市、铁岭市、呼伦贝尔市、开封市、龙岩市、马鞍山市、南阳市、泰安市、新乡市、本溪市、贺州市、黄石市、济宁市、连云港市、聊城市、临汾市、十堰市、乌海市、武威市、襄阳市、鞍山市、包头市、淮南市、焦作市、柳州市、六安市、南平市、钦州市、宿迁市、沧州市、潮州市、郴州市、德阳市、德州市、抚州市、锦州市、临沂市、岳阳市、湛江市、安庆市、滨州市、抚顺市、贵港市、怀化市、鸡西市、三亚市、孝感市、长治市、承德市、丹东市、阜阳市、宁德市、萍乡市、衢州市、上饶市、宝鸡市、池州市、广元市、汉中市、菏泽市、六盘水市、梅州市、赤峰市、滁州市、衡水市、淮北市、景德镇市、南充市、商丘市、邵阳市、铜陵市、新余市、玉溪市、安阳市、鹤岗市、黑河市、辽阳市、乌兰察布市、信阳市、邢台市、宜春市、营口市、枣庄市、遵义市、百色市、保山市、崇左市、大同市、金昌市、盘锦市、莆田市、咸宁市、玉林市、张家界市、张家口市、白城市、蚌埠市、鹤壁市、葫芦岛市、嘉峪关市、丽江市、茂名市、三门峡市、石嘴山市、四平市、通辽市、许昌市、宜宾市、巴彦淖尔市、亳州市、朝阳市、固原市、河池市、揭阳市、吕梁市、濮阳市、曲靖市、日照市、松原市、通化市、梧州市、延吉市、阳泉市、伊春市、鹰潭市、中卫市、周口市、自贡市、北海市、定西市、来宾市、辽源市、吴忠市、安康市、佳木斯市、漯河市、遂宁市、天水市、白银市、防城港市、七台河市、汕尾市、商洛市、宣城市、莱芜市	23.60

从我国2015年城市文化力评估结果来看，北京市是我国236个地级以上城市中文化力综合得分最高的城市。根据聚类分析，236个地级以上城市文化力水平属于第一梯队的城市包括北京市、上海市、重庆市、深圳市、天津市，集中在四个直辖市以及特区城市深圳市。属于文化力水平第二梯队的城市包括广州市、西安市、昆明市、绍兴市、成都市、杭州市、武汉市、南京市、潍坊市、苏州市、长沙市、台州市、郑州市、沈阳市、东莞市、宁波市、肇庆市、济南市、大连市、合肥市、长春市、福州市、太原市、贵阳市、温州市、哈尔滨市，基本集中在我国的省会城市。从聚类结果来看，第一梯队城市文化力聚类中心得分是第二梯队城市文化力聚类中心得分的3倍多，第二梯队城市的文化力聚类中心得分是第三梯队城市聚类中心得分的近6倍，说明不同梯队城市之间文化力差距巨大。

（二）文化力核心要素相关性和关联性分析

基于236个地级以上城市文化力数据对我国地级以上城市文化生产力、文化消费力、文化环境力进行相关性分析，计算皮尔森相关系数，如表6-12所示。皮尔森相关系数计算结果显示，文化生产力和文化环境力的相关性较文化生产力与文化消费力的线性相关程度要强，文化环境力和文化消费力之间是显著线性相关关系。

表6-12　城市文化生产力、文化环境力、文化消费力之间的相关性（基于城市文化力数据）

	文化生产力	文化消费力	文化环境力
文化生产力	1.000 0	0.454 9	0.545 2
文化消费力	0.454 9	1.000 0	0.417 3
文化环境力	0.545 2	0.417 3	1.000 0

对城市文化生产力、文化环境力、文化消费力进行关联性分析，可得关联性表，如表6-13所示。

表6-13　城市文化生产力、环境力、消费力之间的关联性（基于城市文化力数据）

	Support	Confidence
文化环境力低与文化生产力低	0.87	1
文化消费力中下与文化环境力低与文化生产力低	0.59	1
文化消费力中下与文化生产力低	0.63	0.98
文化消费力中下与文化生产力低与文化环境力低	0.59	0.94
文化消费力中下与文化环境力低	0.59	0.93
文化生产力低与文化环境力低	0.86	0.90
文化环境力低与文化消费力中下	0.59	0.68
文化环境力低与文化生产力低与文化消费力中下	0.59	0.68
文化生产力低与文化消费力中下	0.63	0.65

从表6-13可以看出，文化生产力与文化环境力同时低的概率为87%；文化环境力低时，文化生产力也低的概率为100%。文化消费力中下的同时，文化环境力低、文化生产力也低的概率为59%；文化消费力中下、文化环境力低时，文化生产力低的概率为100%。文化消费力中下且文化生产力低的概率为63%，文化消费力中下时，文化生产力低的概率为98%。文化消费力中下、文化生产力低、文化环境力低同时发生的概率为59%；文化消费力中下且文化生产力低的时候，文化环境力低的概率为94%。文化消费力中下且文化环境力低的概率为59%；文化消费力中下时，文化环境力低的概率为93%。文化生产力低且文化环境力低的概率为86%；文化生产力低时，文化环境力低的概率为90%。文化环境力低且文化消费力中下的概率为59%；文化环境力低时，文化消费力中下的概率为68%。文化环境力低、文化生产力低、文化消费力中下同时发生的概率为59%；文化环境力低、文化生产力低时，文化消费力中下的概率为68%。文化生产力低且文化消费力中下的概率为63%；文化生产力低时，文化消费力中下的概率为65%。

本章小结

本章对于我国文化力进行系统分析，基于经济学供需理论，兼顾统计数据的可得性，建立了以文化生产力、文化消费力、文化环境力为核心要素的文化力评价体系，基于2015年31个省级行政区、236个地级以上城市数据，使用熵权法，对我国区域文化力进行统计。结果显示，我国文化力在省、市间差异巨大，第一梯队、第二梯队、第三梯队之间的省、市文化力相差数倍，说明我国文化力发展极不平衡。从地理分布来看，我国省、市文化力呈现东强西弱的格局，文化力较强的省级行政区集中在东部或沿海，文化力较强的城市集中在直辖市和省会城市。从核心要素相关性和关联性分析来看，文化生产力、文化消费力、文化环境力之间的相关性非常强，文化生产力、文化消费力、文化环境力同时还存在较强的关联性，文化生产、文化消费可以反作用于文化环境，促进社会经济环境发展。

第七章　研究总结与政策建议

一、研究总结

文化力是一个横跨文化、经济、社会、产业等学科的复杂问题，当前文化力研究还处于初级阶段，学术界对于文化力尚没有形成统一而权威的定义，对于影响文化力的核心要素研究也没有完整的理论体系。因此，本书从经济学供需的角度，结合统计数据、统计方法研究区域文化力，认为文化力包含供给侧的文化生产力、需求侧的文化消费力以及文化环境力。其中文化生产力包括文化产业生产力和文化事业生产力，文化消费力包括私人文化产品消费力和公共文化产品消费力，文化环境力包括经济社会环境力和文化资源环境力。本书从投入、产出、效率、公平等角度对文化供给效率、文化供给公平、文化消费水平及相应影响因素进行系统研究，最后根据文化力理论建立区域文化力评价指标体系，对我国的区域文化力进行整体评价，具体的研究结论如下。

（一）以供给侧文化产业效率为例研究文化发展效率及影响产业效率水平的环境因素

本书利用数据包络模型（DEA-BCC），基于2004年、2008年、2013年全口径文化产业数据计算全国31个省级行政区文化产业投入产出转化效率。计算结果显示，我国文化产业投入产出效率整体呈现上升趋势，但是从每个省级行政区文化产业的投入产出效率得分来看，只有北京、上海、广东三省市在2004年、2008年、2013年的文化产业投入产出有效率，其他省级行政区都存在文化产业缺乏效率的情况。从文化产业效率得分区域分布来看，我国文化产业效率差异十分明显，且呈现东高西低、南强北弱的格局。本书基于31个省级行政区文化产业效率得分，采用空间面板 Tobit 统计模型对我国文化产业效率水平与经济社会环境影响要素之间的关系进行实证分析。计算结果显示，我国各省级行政区之间文化产业效率水平存在明显的正向空间相关性，文化产业效率水平主要受到城市化水平、产业规模水平以及科技发展水平的影响，其中城市化水平对文化产业效率的影响最大。通过实证分析可以看出，通过城镇化发展，将人才、资本等资源聚集，能够对文化产业效率提升起到重要的促进作用。

（二）以供给侧文化事业为例对文化发展公平性进行分析

本书构建了公共文化服务水平评价指标体系，从公共文化服务体系经费投入、公共文化服务体系人员投入、公共文化基础设施、公共文化活动四个角度去衡量区域公共文化服务水平。考虑到各个区域人口数量差距较大，在分析过程中对所有指标进行了人口均化处理。基于熵权法，对我国 31 个省级行政区 2009—2015 年公共文化服务水平进行测度，计算结果显示：上海、天津、北京、西藏、浙江等地的公共文化服务水平处于全国前列。使用基尼系数测算我国 31 个省级行政区之间公共文化服务水平的差异程度。计算结果显示，我国 31 个省级行政区公共文化水平的基尼系数范围为 0.2～0.3，处于比较合理的区间。利用面板分位回归模型分析经济社会环境影响因素对公共文化服务水平的影响程度，对于不同公共文化服务水平下经济、社会环境影响因素的不同作用效果进行系统分析。计算结果显示，不同公共文化服务水平下，社会、经济影响因素的作用效果有所不同，但总的来说人均政府财政收入、人口密度、居民平均受教育年限对于公共文化服务水平都具有正向的影响，在这三个正向影响因素中，对公共文化服务水平影响最大的是人均政府财政收入，由此可见，当地财政收入水平很大程度上影响公共文化服务水平。

（三）从需求侧角度研究我国文化消费水平及其影响因素

分析我国文化消费水平现状，以我国居民人均文教娱乐消费支出衡量文化消费水平，通过建立面板分位回归，对我国 31 个省级行政区 2009—2015 年文化消费水平的影响因素进行研究。从统计模型分析结果来看，文化消费水平在不同分位处受到影响因素的影响程度不同，但从整体上来看，居民人均可支配收入、城镇化率、人均 GDP、政府财政拨款对于文化消费水平都具有的较大影响。

（四）我国区域文化力整体评价

基于文化力理论基础与统计指标数据的科学性、可得性，建立包含文化生产力、文化消费力、文化环境力为核心要素的文化力评价体系，子要素共包括 6 项。其中文化生产力包括文化产业生产力、文化事业生产力两个子要素，文化消费力包括私人文化产品消费力和公共文化产品消费力两个子要素，文化环境力包括经济社会环境力和文化资源环境力两个子要素。基于文化力评价指标体系，对 2015 年我国 31 个省级行政区以及 236 个地级以上城市文化力进行评价，建立我国文化力大数据库。从 31 个省级行政区整体文化力计算结果来看，我国文化整体发展水平不高，文化力排名前五位的广东、江苏、浙江、北京、上海都属于东部地区，排名最后五位的是贵州、海南、宁夏、青海、西藏，其中四省属于西部地区，文化力发展区域不均衡情况明显，呈现东强西弱的格局。从 236 个地级以上城市文化力计算结果来看，北京作为首都，其文化力远高于其他城市。城市文化力得分从分布上看也存在东强西弱的格局，文化力较强的城市集中在直辖市和省会城市。总体来看，我国文化力在省、市间差异巨大，第一梯队、第二梯队、第三梯队的省、市文化力相差数倍，说明我国文化力发展极不平衡。从核心要素相关性和关联性来看，文化生产力、文化消费力、文化环境力之间的线性相关性较强，文化生产、文化消费可以反作用于文化环境，促进社会经济环境发展。

二、我国区域文化发展存在的劣势与不足

基于本书的实证分析以及相关理论研究，本小节从文化产业、文化事业、文化消费、文化环境四个角度分析我国区域文化发展存在的劣势与不足，通过挖掘区域文化发展存在的短板，为提升我国区域文化力做好理论研究铺垫。

（一）文化产业效率水平较低，国际影响力和竞争力不足

文化产业是以内容为核心的创意密集型产业，具有资源消耗低、环境污染少、促进就业能力强、附加值较高等特性，大力发展文化产业是发挥文化要素经济功能，促进我国经济稳定增长、结构优化的必然之举。从我国区域文化产业发展现实情况来看，我国区域文化产业发展还存在以下劣势与不足。

1. 文化企业竞争力不强

文化产业具有规模效应和规模报酬递增的特征，文化企业整体规模大、竞争力强，能够促进文化产业效率的提高。当前我国文化产业发展还处于起步阶段，文化企业整体存在“弱、小、散、乱”的问题，缺乏具有国际竞争力、影响力的文化领军企业，难以发挥文化产业规模效应。从亚太总裁协会 2012 年公布的国际文化产

业企业排名数据来看，全球文化产业排名前30位的领军企业，中国没有文化企业能够入榜，相比之下，美国纽约有15家入榜，法国巴黎有2家入榜，英国伦敦有2家入榜，日本东京有3家入榜，中国文化企业总体规模、竞争实力与其他国家文化企业相比差距较大。尽管政府有关部门在着力推进文化企业兼并重组以形成文化产业“航母”，但是现阶段这种资源整合多是政府主导的，采取的是“拉郎配”的方式，整合企业缺乏明确的整合目标，整合后的文化企业多存在集约化程度较低、缺少化学反应、整合效率较低、企业经济效益不理想等一系列问题。我国仍然缺乏规模大、水平高、竞争力强的文化产业“航母”，文化产业“航母”的缺乏制约了我国文化产业规模化、集约化发展。

2. 文化产业链不完整

文化产业除了具有规模经济特征外，还具有范围经济特征。当文化产业链条不断延伸和拓展时，能够通过分工的深入，进一步提高文化产业生产率，通过对产品进行细分和深度开发延伸至其他领域，可以增强文化产品（服务）的影响力和辐射力。从我国的实际情况来看，我国文化产业尚未形成完整、顺畅、高效的产业链条，文化产业各环节之间存在断层、不成体系，文化企业之间缺乏协调合作，未能发挥文化产业链的影响力、辐射力、带动力。以电影行业为例，根据好莱坞电影产业“火车头理论”，电影作为火车头可能不赚钱，但可以通过产业链上的其他环节如广告、游戏、服装等借由电影的影响力获得盈利。我国电影业产业链条过短，处于虽有票房但无盈利的尴尬境地。国外很多文化航母型企业如时代华纳、索尼、迪斯尼等都是通过复合型产业链条提高文化产品的影响力、竞争力，提升文化企业的生产效率。以时代华纳公司为例，时代华纳公司实行全产业链发展，业务涵盖电视、电影、娱乐、广播、出版、音乐六个主要行业，并且在每个行业中打造自身的文化品牌，包括华纳兄弟、CNN、Netscape、HBO、时代杂志等。全产业链运营使得文化产品的经济价值能够得到深度开发，成功的电影作品可以制作成电视、小说、动漫、广告、娱乐节目等一系列文化衍生产品，能够提高文化产业生产效率和文化企业利润额。因此，我国文化产业要进一步发展，就必须进一步拓展前后端产业链，做到上游开发、中游拓展、下游延伸，大力发展衍生产业、关联产业、辐射产业。

3. 文化资源利用不足

从本书文化产业效率实证研究结果可以看出，2004年、2008年、2013年、2014年、2015年我国大多数省份存在文化产业发展缺乏效率的情况，这从一个侧面说明我国文化产业资源存在利用不足的问题。首先，我国文化资源开发低端化、粗放化等问题严重。我国是四大文化发源地唯一延续至今的国家，文化资源丰富，文化积淀深厚，但我国文化产业对我国历史文化资源开发过于低端化、粗放化，导致文化资源利用不足。以动漫产业为例，“功夫”“熊猫”都是中国传统的文化资源元素，但这些资源在中国仅仅用于旅游开发，而美国好莱坞动漫团队充分利用这些文化元素打造美国版的《功夫熊猫》系列动漫，在全球获得了超过40亿元人民币的超高票房和良好的口碑。反观我国国产动漫产业，仍处于模仿日本、美国等国动漫创意的阶段，自身动漫创意水平低，动漫作品对于本土文化挖掘不足，缺乏鲜明的民族特点。其次，文化资源与高新科技结合不足。在数字化、信息化时代，文化发展必须加上科学技术这一新的动力引擎，通过最新的科技手段来开发文化资源。但由于我国文化产业长期处于世界文化产业链下游，应用科技手段开发文化资源的能力不强、经验不足，这导致文化资源的利用效率下降。美国国家历史较短，历史文化资源不多，但美国却是全球文化产业的霸主，享有全世界56%的广播收入、85%的收费电视收入、55%的电影票房收入，而文化资源丰富的中国在全球的文化产业格局中处于低端位置，文化产业的国际竞争力和影响力与美国、日韩等国家相比差距巨大，归根结底是因为我国文化产业发展中对文化资源挖掘不深入、对文化资源利用不充分所致。

4. 文化产业创新能力差

文化产业属于创新密集型产业，创意是文化产品基本经济价值的来源，创新是文化产业发展最为核心的要素和动力。当前文化产业发展存在创新动力不足的问题，具体表现在文化企业过分依赖已有开发成熟的文化产品，忽视文化内容创新。整体来看，图书、动漫、游戏、影视等行业都存在创新不足、选题跟风、低水平重复开发等问题，文化产品形式单一、内容雷同、艺术抄袭、原创性不足等问题比较突出。文化创新能力不足导致文化产业整体“虚胖”，文化GDP泡沫严重。虽然文化产业规模持续增长，但产业核心发展动力和后劲不足，长此以往，将严重制约文化产业的发展，成为我国文化产业生产力提高的巨大障碍。

5. 文化人才积累不足

人才是文化产业的重要生产要素之一，是文化产业生存和发展的基础。当前文化人才积累不足体现在符合文化企业需求的创意型人才、管理型人才、国际型人才等严重不足。据统计，我国文化产业增加值从2006年到2015年翻了近两番，但文化人才增长不足30%，文化人才的增长速度远远低于文化产业的发展速度，造成文化人才普遍短缺的局面。文化人才的持续短缺必然会造成文化产业效率下降，加强文化人才队伍建设已成为文化产业发展的迫切需要。

（二）文化事业发展相对缓慢，区域发展不平衡性日益凸显

公益性文化事业是以保障人民群众的基本文化权益为出发点，以构建公共文化服务体系为基本手段，以满足人民群众日益增长的精神文化需求为目标，为全社会提供非竞争性、非排他性的公共文化产品（服务）的活动。公益性的文化事业和经营性的文化产业共同发展，才能够促进我国整体文化生产力和文化力的增强，实现文化强国的整体目标。从我国文化事业发展现实情况来看，我国文化事业发展还存在以下劣势与不足。

1. 文化事业发展不平衡

首先，文化事业发展不平衡表现在地区之间发展不平衡，从 31 个省级行政区公共文化服务水平测度的结果来看，民众所能够享受到的公共文化服务存在差距，且 2009—2013 年公共文化服务水平基尼系数呈上升的趋势，省域公共文化服务水平的区域不平衡发展现象呈逐年强化之势。其次，文化事业发展不平衡表现在城乡之间文化事业发展不平衡。长期以来，受城乡二元结构影响，乡村的文化事业发展总体落后于城市，乡村文化设施相对落后、公共文化产品（服务）相对短缺，很多农民无法享受基本的公共文化产品（服务），农村文化事业与城市文化事业发展差距不断增大。文化事业发展不平衡还表现在不同受众群体之间能够获得的公共文化产品（服务）差距较大，例如农民工等大量外来人口以及妇女、未成年人、老年人、残疾人等特殊群体的基本公共文化需求没有得到满足。

2. 文化事业发展相对缓慢

随着我国经济社会的发展，人民群众的精神文化需求增长速度较快，相对而言，文化事业发展速度相对缓慢，文化事业发展速度不能满足人民日益增长的文化需求。以公共文化设施发展为例，北京市是我国公共文化服务水平最高的城市之一，但是，国家统计局北京调查总队通过计算机辅助电话调查（CATI）方式开展的问卷调查结果显示，六成以上被调查北京居民认为居住区内的公共文化设施明显不足，这一结果显示公共文化服务体系建设与居民日益增长的文化需求还存在较大差距，公共文化产品（服务）与公民公共文化需求之间存在较大缺口。

3. 文化事业经费投入不足

文化事业生产不以营利为目的，文化事业生产的资金主要来源于政府财政支

持，政府财政投入对公益性文化事业发展起到重要的支撑作用。尽管近年来政府对文化事业的投入逐年加大，但是公共文化事业发展资金紧缺的情况仍时常存在，政府财政投入比例低、投资规模小、公共文化财政投入缺乏刚性规定等问题已经成为制约我国公益文化事业发展的现实问题。以公共文化设施经费投入为例，部分地区由于文化事业经费投入不足，公共文化设施的档次和水平较低，公共文化设施欠账较多。很多公共文化设施是一次性的投入，设施后期维护没有固定的经费来源，公共文化设施"重投轻管"的现象十分严重，大量公共文化设施由于没有后续固定的维护经费，导致设施损坏无法开展正常的文化活动，公共文化设施的使用效率因此大打折扣。

（三）文化消费水平整体不高，消费潜能尚待挖掘

投资、出口、消费是推动文化生产力提升的"三驾马车"。从文化出口来看，当前西方文化产业在全球占据着绝对强势的地位，想短时期内促进文化出口迅速增加、缩小国际文化逆差难以实现；从文化投资来看，投资是当前文化发展主要的驱动力，但是仅仅依靠投资无法保证我国文化产业健康发展、长期发展，只有通过扩大文化消费，才能进一步推动文化产业健康发展、持续发展。文化消费能够拉动文化生产，文化消费内容和载体的升级还可以带动文化产业发展升级。当前我国区域文化消费发展存在以下劣势和不足。

1. 整体文化消费水平较低

发达国家文化消费研究表明，当人均 GDP 达到 5 000 美元以上时，居民文化消费水平会有大幅增长。但是从我国的实际情况来看，2015 年我国人均 GDP 超过 8 000 美元，但我国居民文化消费没有呈现井喷式增长，居民文化消费水平仍然整体偏低，数据显示，我国人均文化消费仅为发达国家的 30%左右，巨大的文化消费潜力有待挖掘。

2. 文化消费发展不平衡

我国文化消费发展不平衡表现在各省之间文化消费发展的不平衡和城乡之间文化消费发展的不平衡，地区差异、城乡差异比较明显。首先，由于经济发展水平、文化消费观念等不同，我国东部与西部文化消费差异十分明显，东部地区文化消费水平远高于西部地区文化消费水平，文化消费整体呈现东强西弱的态势。其次，城乡居民文化消费具有明显的二元化特征，2000—2015 年城乡居民文化消费规模数据显示，城乡居民文化消费差距持续扩大。《我国文化消费调查报告 2013》显示，

城镇居民文化消费内容更广泛，农村居民文化消费依然集中在看电视和读书、看报，文化消费范围与城镇居民相比仍有较大差距，50%以上的农村居民对电影、旅游参观、培训教育等文化消费领域没有相应需求，农村文化消费还处于较低层次。

3. 文化产品供需存在结构性矛盾

我国文化消费市场存在文化产品供给结构性短缺和结构性过剩问题并存的情况。一方面，由于我国文化消费市场发展处于初期阶段，文化市场存在文化产品细分不足的问题，中低收入群体、老年人群体等群体的文化消费需求没有被深入挖掘，大量文化潜在需求没有得到满足，同时也没有转变成为文化消费，针对特殊群体的文化产品供给结构性短缺。另一方面，在我国文化市场上，文化消费产品同质化情况严重，部分文化产品存在供给结构性过剩的问题，文化产品不能够通过文化消费转变为经济价值，资源浪费的情况十分严重。

（四）文化市场尚未成熟，发展环境有待优化

文化环境力是文化力的重要组成部分，也是文化生产和文化消费良性发展的重要支撑。本小节结合我国区域文化发展实际分析我国区域文化环境存在的劣势与不足。

1. 政府扶持力度不足

我国文化发展处于初级阶段，文化产业整体竞争力、影响力不强，受西方文化产业冲击较大。文化产业具有前期资金投入大、投资风险高、投资周期长等特征，大量中小企业融资渠道有限，在贷款、担保等融资环节都存在极大的困难，中小文化企业生存难、发展难，极大地限制了我国文化产业的发展。文化产业的发展需要政府在税收、土地、信贷、投融资等方面加大扶持，而当前各地区在相关扶持政策和保障机制等方面仍有欠缺，对文化产业的引导力度不足。同时，我国的文化消费水平与同等发展水平国家相比较低，大量文化消费潜力没有被激发释放。政府在优化文化消费环境、建立文化企业与文化产品消费者的交流平台、培育和引导居民文化消费上缺乏有效的政策措施，文化消费疲软极大地限制了文化力的提升。

2. 城市化水平不高

城市化通过聚集大量的人才、资金、文化等资源，能够有利于文化产业的规模化生产和聚集化发展，降低运输、交易等费用，降低生产成本，提升文化产业的生产效率。城市化还将大量的农村人口转变为城市人口。一般来说，城镇居民文化消费水平远远高于农村人口文化消费水平，因此城市化水平的提高会促进我国整体文

化消费水平的提升。综上，城市化对于文化生产和文化消费都有着积极的促进作用，但截至 2016 年，我国城镇化率为 57.35%，与发达国家 70%～80%的城市化水平相比还存在一定的差距，城镇化率还有进一步上升的空间。

3. 历史文化资源保护不足

历史文化资源是文化资源的重要组成部分，同时也是我国文化发展的重要优势。尽管我国历史文化资源保护工作取得了很大的进展，但不可否认的是，由于城市化发展等多种原因，大量历史文化遗址在城市建设与改造中遭到破坏，大量的非物质文化遗产由于丧失了消费群体、自身传承后继无人等原因而逐渐消失，诸多历史文化资源遭到毁灭性破坏。

4. 文化相关政策法规不健全

良好的法制环境对文化发展至关重要。当前我国存在文化立法空白多、文化立法效力层级较低、文化市场执法不严、法制文化淡薄等诸多问题。立法空白主要体现在我国公共文化服务、文化创意、历史文化名城保护、艺术品管理、专业艺术发展、对外文化交流、行为艺术等领域尚无相关法律、法规，处于无法可依的状态，一些文化新型业态如微信、微博、室外频道广告文化传播等也没有相关的法律、法规进行约束和规范。文化立法层级较低主要体现在大量文化管理活动依靠规章性文件来规范，法律效力层级较低。文化市场执法不严主要体现在文化执法多为突击战，侵权盗版、制假贩假屡见不鲜，文化执法未能日常化、规范化、长期化。法制文化淡薄体现在我国的法制文化尚未形成，人民群众尊法、信法、守法、用法、依法维权的观念仍没有广泛树立起来，部分人民群众法律观念比较淡薄，法治文化建设仍任重而道远。

三、提升我国区域文化力的政策建议

基于前文对我国文化发展存在的劣势与不足的分析，本节针对性地提出促进我国区域文化力提升的政策建议，以期为我国政府相关部门制定政策提供参考。

（一）加快文化供给侧改革，提升经营性文化产业效率

1. 培育文化“航母”，推动文化产业成为支柱性行业

重点培育一批具有竞争力和影响力的文化“航母”，鼓励文化企业跨行业、跨地域、跨所有制经营和重组，做大、做强、做优，走品牌化道路。提高文化企业规

模化、集约化、专业化水平，改善文化企业“弱、小、散、乱”的现状，使各省在影视娱乐、新闻出版、演艺展览等方面都有支柱型的大集团，充分发挥文化“航母”的示范、辐射作用。以培育文化“航母”为抓手，扩大区域文化产业规模，使其朝着市场化、集团化、国际化的方向发展，推动文化产业成为我国经济支柱型产业。

2. 打造“中国创新”文化品牌，实现文化产业升级换代

创新是文化产业发展的核心，是文化产业做大、做强的助推器。鼓励文化企业进行创新，使得文化产品生产由“中国制造”向“中国创造”转变，打造“中国研发”“中国创意”“中国创造”文化品牌。处于数字化、信息化时代，文化创新必须加上科技创新这一新的动力引擎，“文化+科技”创新模式已成为文化产业发展的必然潮流。提高文化产品的科技含量，充分发挥科技创新在文化产业发展中的引擎作用，加快形成科技创新与文化创新“双轮驱动”发展模式，加快科技创新成果转化，提高我国传媒、影视、网络、动漫等领域技术装备水平，增强文化企业自主创新能力。借助科技创新的力量积极发展以数字化生产、网络传播为主要特征的动漫、网游、手机音乐、手机报刊、手机阅读、手机娱乐、数字文化服务等新型文化产业，推动优秀文化内容与数字化等高新技术紧密结合，进一步提升文化产业发展层次，实现文化产业自身的升级换代。

3. 搭建文化要素服务平台，打造区域文化资源共享体系

探索建立包括公共政策发布、公共技术支撑、投融资服务、商业信息发布、资源共享、统计分析、知识产权、人才培训、展示交易、研发设计和国际交流等多种功能在内的文化产业公共综合服务平台。重点培育文化要素市场，发展文化要素服务平台，成立文化产权交易所、中国设计交易市场、中国艺术品交易中心等文化要素交易市场，打造区域文化信息资源共享体系。

4. 培育文化产业功能区，发挥文化产业规模聚集效应

统筹文化资源，合理规划布局，鼓励社会资本和民间资本参与，着力培育不同特色的文化产业功能区，引导文化产业集群发展，发挥产业功能区的聚集效应、品牌效应和辐射效应。根据各个功能区的定位、特性和发展瓶颈，完善土地、金融、税收、人才等相关政策，进一步提升功能区的集聚能力，形成多元支撑、特色发展的格局。根据文化产业具有正向溢出效应的特性，进一步推动中心辐射战略，以文化产业发展较发达的省市为中心，与周边文化产业欠发达省市形成文化产业发展集群，推动文化产业发挥整体规模效应，聚集更多的人才、技术、资金等生产要素，

同时促进这些生产要素合理流动、合理配置，打造文化产业全产业链生态区，促进区域协同发展。

5. 完善、拓展文化产业链，提高文化产业发展效率

文化企业要进一步加强文化产业链的构建和延伸，积极利用文化产业促进组织和中介机构、行业组织，借助其资源整合能力和平台搭建能力解决产业链缺失的问题，通过中介机构和行业组织找到合适的供应商和合作商。政府相关部门应做好服务工作，在不同的文化产业门类之间打造产业链，做好产业链空间布局规划，将产业环节合理布局到相应的区域内。

6. 加大政府扶持力度，破解中小企业资金困境

我国文化产业处于发展的初级阶段，需要政府加大扶持力度，促进文化产业发展。首先，政府应增加对文化产业的财政投入支持。我国文化企业大部分是中小企业，这部分企业面临的最大难题之一就是资金问题。政府财政应当建立文化产业发展专项资金，采用贴息、补助、奖励、股权投资等方式支持中小企业发展，充分发挥财政资金引导、带动作用，引导各种社会资本进入文化产业。其次，政府应加强对文化产业的政策支持力度。政府应当在投融资、信贷、税收、土地等方面给予扶持，建立文化产业扶持政策和保障机制，扶持文化产业成长，尤其在投融资方面，支持文化企业通过资本市场发行股票、债券等金融产品进行融资，鼓励文化企业增加融资渠道，为文化创意产业发展创造良好的融资环境；完善中小文化企业信用担保机制和企业融资机制，鼓励金融机构通过制度创新、产品创新、管理创新加大对中小文化企业的资金支持力度，为文化产业的蓬勃发展打下坚实的基础。

（二）推进公益性文化事业发展，保障人民群众共享文化发展成果

文化事业与文化产业是文化生产的两翼，是保障人民群众共享文化发展成果权利的重要支撑。促进文化繁荣发展应大力发展文化事业，完善公共文化服务体系，推动文化产业与文化事业双轮驱动，共同发展。本书针对我国文化事业发展存在的问题，提出以下政策建议。

1. 发挥政府主导作用，完善文化事业财政投入机制

进一步发挥政府的主导作用，将公共文化服务体系建设放在全局工作的重要位置，将公共文化服务体系建设纳入各级政府年度绩效考核指标。进一步完善文化事业财政投入机制和长效增长机制，将基本公共文化服务经费纳入政府年度预算，政府财政要优先保障具有社会性和公益性的文化事业发展。

2. 增加文化产品服务供给，进一步满足人民群众文化需求

与发达国家相比，我国在文化基础设施供给量、公共文化服务能力等方面都需要进一步加强。应进一步完善公共文化服务体系，建立覆盖城乡的文化服务节点和网络体系，增强文化基础设施的公益性、开放性、均等性、服务性、便利性，完善和拓展公共文化基础设施免费开放政策，规定文化基础设施的基本标准、资金筹措来源，提升公共文化服务整体水平。新建、改建一批公共图书馆、文化馆、公园、文化广场等，进一步满足人民群众日益增长的文化需求，让人民共享文化发展成果。

3. 搭建公共文化资源服务平台，促进公共文化资源共建共享

探索公共文化资源的共享机制，搭建公共文化资源服务平台，推进公共文化服务阵地的数字化建设，提高公共文化服务的数字化普及率，促进公共文化资源共建共享。努力形成覆盖城乡的数字文化服务体系，建设覆盖城乡的数字图书馆、阅览室等，大力发展文化信息共享工程。提高公共文化服务的信息化、网络化水平，形成公共文化服务发展强省对其他省市的公共文化的引领作用和带动作用。

4. 关注特殊群体公共文化需求，推动公共文化服务社区化

增建面向妇女、未成年人、老年人、残疾人等特殊人群的公共文化设施，针对不同群体的文化需求，多元开发文化产品内容和服务模式；切实维护和保障外来人口的基本文化权益，逐步形成“政府主导、企业共建、社会参与”的外来人口文化工作机制，健全配套政策制度，推动外来人口文化工作的规范化、制度化、常态化，增强外来人口的归属感以及认同感。推动公共文化服务向社区延伸，在便民商业设施和重要交通节点配置公共文化设施，以减缓交通因素给市民带来的在文化参与上的障碍，注重与社区的有机结合，注重营造便利、亲和的文化生活氛围，推动社区文化发展，实现文化的社区化。

（三）改善文化供需结构性失衡，深度挖掘文化消费潜力

文化消费力是促进文化生产力的内生动力，是提升整体文化力的重要抓手。我国存在文化消费整体水平偏低、文化消费发展不平衡、文化供给与需求结构性失衡等问题。针对这些问题，本书提出以下政策建议。

1. 增加文化消费供给，满足不同人群文化需求

鼓励文化企业打造符合当代文化消费者需求的原创文化精品，通过政府文化消费补贴、政府购买服务等途径，重点扶持一批能够提供综合性、个性化、多样化文

化产品和服务的优质文化企业，引导和支持文化企业开拓文化消费市场。通过举办文化艺术节、音乐节、电影节、图书节、文化创意产业博览会等重大活动，打造具有中国特色、主题鲜明、人民认可的文化消费节日品牌，为居民文化消费提供多元化的消费选择，满足不同层次、不同人群多样的文化需求。

2. 优化文化消费环境，培养居民文化消费习惯

文化消费受环境因素影响较大，文化消费环境优化能够为居民文化消费提供基础型保障。首先，优化文化消费环境要增加文化消费时间。通过强化带薪休假制度的管理和执行增加居民文化消费时间，保障居民进行文化消费有充足的时间；其次，优化文化消费环境要增加居民可支配收入。通过分析发现，居民可支配收入是影响文化消费水平最为重要的环境因素，是文化消费的原动力之一。因此，文化消费环境的优化可以通过居民可支配收入“开源节流”双管齐下实现。一方面，通过降税增收等政策建立良性的收入水平增长机制；另一方面，通过健全医疗、教育、住房、养老等社会保障机制，改变居民远期消费预期，改善居民消费结构，让居民有更多的收入进行文化消费，逐步形成文化消费习惯与文化消费理念。

3. 搭建文化企业与消费者交流平台，实现文化供给与需求无缝对接

建立覆盖各个省域文化消费信息资源共享服务平台，对文化消费群体进行分层，按不同地域、不同年龄、不同收入细分文化消费群体，按价格、类型、品质细分文化产品，将文化消费需求信息传递给文化企业，促进文化供需匹配，避免文化市场出现“结构性短缺”和“整体性过剩”等问题。加强文化消费市场引导、行业监测分析、综合信息服务、商户联合营销等多种功能建设，实现文化供给和需求的无缝对接，实现企业有效销售和消费者有效消费。

（四）优化文化发展环境，夯实文化发展基础

文化环境力是文化力中的基础力量，文化环境力的提升对于文化生产力和文化消费力的提升都具有重要的积极影响，本小节结合前文分析的区域文化环境存在的劣势与不足，提出相关解决的政策建议。

1. 着力文化人才培养，打造高素质文化人才队伍

丰富的、高质量的人才资源是文化发展的根本，是文化建设中最具有活力和最有潜力的因素。提升我国区域文化力，增强文化人才资本积累需要从以下三点入手。首先，要完善文化人才培养政策，依托高校平台培养文化人才。引导高校适应社会实际需要，优化更新高校培养方案，组织专家学者认真分析文化人才培养规

律，探究文化人才的职业前景，制定高校文化人才培养专业方案，使学生的知识结构和能力水平符合用人单位的需要。充分发挥各区域资源优势，创新创意人才培养模式，形成多途径、多形式、立体化的人才培养机制，促进高校、科研机构、骨干文化企业之间合作，形成产、学、研联动的文化人才培养模式，鼓励文化人才在产、学、研多点执业，打造符合市场需求的高素质文化人才队伍。其次，通过优化人才发展环境，吸引文化人才聚集。积极探索文化人才认定与分级政策，为文化人才职称评定和户籍保障等提供全方位的配套服务，营造全社会尊重人才、尊重创新、尊重个性的环境。搭建文化人才培训服务平台，提供培训服务，使文化人才能够更加符合文化产业更新换代的需要，增强文化人才与文化企业的匹配度。多策并举吸引文化人才聚集，形成一支以高层次人才为龙头，经营管理人才、创意设计人才、理论研究人才、技术创新人才为主体，公共管理和服务人才为基础的高素质人才队伍。最后，建立合理的人才引进机制，全球化配置文化人才。完善人才引进机制，搭建人才引进绿色通道，面向国际、国内两个市场，着力引进一批能够带动行业发展的文化产业领军人才；创新人才评价机制，加快建立起以能力和业绩为导向，由品质、知识、能力等核心要素构成的文化创意人才评价指标体系，建立完善、规范的人才评估制度和人才评价手段。大力开发、应用符合市场经济规律的现代人才测评制度以及分配激励机制，努力提高人才评价的科学水平，并依据文化资源配置市场化的原则优化人才激励机制，对于在促进文化产业发展方面有突出贡献的集体和个人进行表彰和激励，充分发挥经济和荣誉双重激励作用，激发文化人才的创作热情与动力，使人才能够引得进、留得住。

2. 建立健全文化法制体系，优化文化法制环境

良好的文化法制环境是文化发展的前提和基础，应针对当前制约我国文化发展和文化创新的关键问题、难点问题，统筹立法资源，推进立法工作，建立健全文化法制体系，优化文化法制环境。第一，在立法内容上，要制定文化产业、文化事业、文化消费等方面管理服务的相关政策法规，健全文化产业、文化事业、文化消费法律体系，将文化发展纳入法制轨道。完善文化知识产权保护体系，进一步增强对文化产品和品牌的保护，实行研究、创作、开发、生产全过程的知识产权保护，政府部门应当建立健全以知识产权保护为核心的文化市场法律法规，为文化产业化发展营造公正、公平、法制的经营环境。第二，在文化执法层面上，要加强文化执法队伍建设和文化执法制度建设，促使文化执法工作制度化、常态化、长效化。第三，加强对社会公众进行文化法律普法教育，建立健全有利于全社会形成法治文化的长效机制。采用人民群众喜闻乐见、通俗易懂的形式，在服务群众的过程中教育

群众，提高全社会的文化法制水平。

3. 加强历史文化遗产保护，彰显文明古国文化魅力

历史文化遗产是一个地区文化资源禀赋的重要组成部分。我国丰富的历史文化遗产是我国文化走向国际的金名片。增强我国文化的国际影响力，需要加强我国历史文化遗产保护，协调好文化资源保护与城市发展的关系。首先，要充分认识历史文化遗产的价值。随着我国现代化进程的加快，现代化建设正在以空前的规模和速度展开，历史文化遗产保护处于最紧迫和最关键的历史阶段。文化发展要认识到历史文化资源的重大价值，充分发挥文化资源禀赋的巨大优势，彰显文明古国文化魅力。加大投入，用于维护世界级历史文化设施，扩大历史文化设施保护范围，将未列入文物保护名单的历史文化设施逐步纳入保护名单范围。其次，要建立历史文化遗产长效保护机制。历史文化遗产保护应建立起能长远、能保长效的相关制度。建立历史文化设施保护指标体系、监测评价体系，同时将各地区历史文化名城保护纳入政府工作考核评价体系，将历史文化名城保护情况作为区域内经济社会发展水平和领导干部任期考核重要内容。继续加强历史文化遗产方面的法律法规建设，对文化遗产保护情况进行实时监管，实现历史文化遗产的长效管理机制，在做好前期保护工作的基础上，根据区域特色重视后期的维护和开发利用，定期对后续的保护工作进行抽查和考核，进一步完善历史文化遗产的保护机制。最后，鼓励全民参与历史文化遗产保护。鼓励广大市民参与到历史文化遗产的保护中来，发挥广大市民在历史文化遗产保护过程中的重要作用。充分调动市民保护历史文化遗产的积极性，引导市民自发参与到历史文化遗产的保护与传承。发挥社会公众监督作用，建立覆盖面更为广泛的社会公众监督体系，尊重广大群众的参与权和监督权。

四、不足与展望

本书虽然在已有的研究上对我国区域文化产业效率水平、文化事业发展水平、文化消费水平进行评估，并且对影响文化产业效率水平、文化事业发展水平、文化消费水平的环境因素进行了实证分析，基于文化力理论基础构建文化力评价指标体系，基于我国 31 个省级行政区和 236 个地级以上城市数据，对我国区域文化力发展水平进行评价。但是由于个人水平、数据限制等方面原因，本书仍存在不足之处，主要包括：

(1) 由于文化本身的复杂性和模糊性，本书对文化力内涵的理解以及核心要素等理论分析存在不足，在构建指标体系时还要兼顾指标数据的可得性，所以文化力

指标体系构建还存在不足，尤其是236个地级以上城市文化力数据存在个别城市指标缺失的情况，选取了一些近似的指标进行替代，因此在进行区域文化力评估时，基于236个地级以上城市可得数据，建立了一套与31个省级行政区建立的文化力评价指标体系略有不同的指标体系，文化力评价的连贯性受到一定的影响。

（2）在区域文化产业效率评价中，我国全口径文化产业数据在2004年才开始统计，并且全口径文化产业整体数据只有在经济普查年才有，所以本书只针对2004年的、2008年的、2013年的文化产业效率和文化产业效率影响因素进行分析，样本量不是非常的充分，没有能够更加全面地对文化产业效率及影响因素分析进行评价。

（3）在区域文化消费影响因素研究中，其中一个重要的影响因素——居民休闲时间变量没有纳入模型中去，这是由于我国居民休闲时间数据只有国家统计局在2008年进行过一次局部调查研究，并且多个省份数据缺失，因此在构建文化消费水平影响因素面板分位回归时没有将休闲时间变量考虑进去，模型设定存在偏差。本书是对文化力理论和实证研究的一个探索，今后的研究可以根据文化统计的发展情况进一步深入。

参考文献

［1］ BOURDIEU P，Nice R. Distinction：a social critique of the judgment of taste ［J］. Boston：Harvard University Press，2005 (3)：374－375.

［2］ GOLDTHORP E J. On sociology ［M］. 2nd ed. Stanford：Stanford University Press，2007.

［3］ LANGE H，MEIER L. The new middle classes globalizing lifestyles，consumerism and environmental concern ［J］. Berlin：Springer，2009.

［4］ PAULO B，BARROS C. Learning-by-consuming and the dynamics of the demand and prices of cultural goods ［J］. Journal of Cultural Economics，2005，29 (2)：83－106.

［5］ KATSUURA M. Lead-lag relationship between household cultural expenditures and business cycles ［J］. Journal of Cultural Economics，2012，36 (1)：49－65.

［6］ KOENKER R. Quantile regression for longitudinal data ［J］. Journal of Multivariate Analysis，2004 (1)：74－89.

［7］ ALEXANDER M，HARDING M，LAMARCHE C. Quantile regression for time-series-cross-section data ［J］. International Journal of Statistics and Management System，2001 (6)：47－72.

［8］ ANSELIN L，FLORAX R. Advances in spatial econometrics. methodology，tools and applications ［M］. Investigationes Regionales，2005，45 (6)：866－870.

［9］ ANSELIN L，FLORAX R. New directions in spatial econometrics ［M］. Berlin：Springer，1995：3－18.

［10］ BANKER R D，CHARNES A，COOPER W W. Some models for estimating technical and scale inefficiencies in data envelopment analysis ［J］. Management Science. 1984，30：1 078－1 092.

［11］ FINGLETON B，GALLO J L. Endogeneity in a spatial context：properties of estimators. ［M］. Berlin：Springer，2010：59－73.

［12］ CHARNES A，COOPER W W，RHODES E. Measuring the efficiency of decision making units ［J］. European Journal of Operational Research，1978（2）：429－444.

［13］ ELHORST J P. Specification and estimation of spatial panel data models ［J］. Spatial Economic Analysis，2010，5（1）：9－28.

［14］ ELHORST J P. Applied spatial econometrics：raising the bar ［J］. Spatial Economic Analysis，2010，5（1）：9－28.

［15］ NATIONAL BUREAU OF ECONOMIC RESEARCH. A theory of the consumption function ［M］. Princeton：Princeton University Press，1957.

［16］ JOSEPH S. NYE. Soft power：the means to success in world politics ［M］. Foreign Affairs，2004.

［17］ KOENKER. R，BASSETT. G. Regression quantiles ［J］. Econometrica，1978（46）：33－50.

［18］ KRUGMAN P. Increasing returns and economic geography ［J］. Journal of Political Economy，1991（3）：483－99.

［19］ KUZNETS S. Uses of national income in peace and war ［C］. Inorganic Chemistry，1942，26（23）：3 860－3 863.

［20］ LAWRENCE T B，PHILLIPS N. Understanding cultural industries ［J］. Journal of Management Inquiry，2002，11（4）：430－441.

［21］ LI MINGJIANG. Soft power. China's emerging strategy in international politics ［M］. Lanham：Lexington Books，2009.

［22］ ALEXANDER M，HARDING M，LAMARCEH C. Quantile regression for time-series-cross-section data ［J］. International Journal of Statistics and Management System，2001，6（1）：47－72.

［23］ PANDIT N R，COOK G. The benefits of industrial clustering：insights from the British financial services industry at three locations. ［J］. Journal of Financial Services Marketing，2003，7（3）：230－245.

［24］ PORTER M E. Clusters and the new economics of competition ［J］. Harvard Business Review，1998（6）：77－90.

[25] HERRERA C，INGLEHART R，BAKER W E，Canclini N G. Cultural capital and its impact on development：modernization，cultural change，and the persistence of traditional values：culture industries and the development crisis in Latin America [J]. American Sociological Review，2000 (1)：19-51.

[26] HORKHEIMER M，ADORNO T W. Dialectic of enlightenment [M]. American Political Science Association，1973 (68).

[27] THROSBY D. Assessing the impacts of a cultural industry [J]. Journal of Arts Management Law & Society，2004，34 (3)：188-204.

[28] VENABLES A J. The international division of industries：clustering and comparative advantage in a multi-industry model [J]. Scandanavian Journal of Economics，2010，(4)：495-513.

[29] 曹爱军，方晓彤. 农村公共文化服务创新的基本路向 [J]. 中州大学学报，2009 (2)：15-17.

[30] 曹芳东，黄震方，吴江. 城市旅游竞争潜力时空格局演化及其结构合理性评价——以长江三角洲地区为例 [J]. 地理科学，2012 (8)：944-950.

[31] 陈冲. 政府公共支出对居民消费需求影响的动态演化 [J]. 统计研究，2011 (5)：13-20.

[32] 陈雷，张莹. 城镇文化消费的现状及影响因素分析 [J]. 西安财经学院学报，2013 (1)：5-10.

[33] 陈立旭. 都市文化与都市精神——中外城市文化比较 [M]. 厦门：东南大学出版社，2002.

[34] 陈清华. 文化创意产业知识溢出效应研究 [J]. 南京社会科学，2010 (5)：34-38.

[35] 丁任重，朱博. 居民消费影响因素的地区差异——基于我国东中西部地区面板数据的实证分析 [J]. 消费经济，2013 (2)：9-12.

[36] 董亚娟. 区域文化产业效率的影响因素研究——基于随机前沿模型的分析 [J]. 商业经济与管理，2012 (7)：23-39.

[37] 范志杰. 发展文化事业促进文化产业政策研究 [D]. 北京：财政部财政科学研究所，2013.

[38] 范周. 中国文化产业新思考 [M]. 北京：光明日报出版社，2010.

[39] 冯华，温岳中. 产业链视角下的我国文化产业发展 [J]. 国家行政学院学报，2011 (5)：82-86.

[40] 傅家荣. 消费需求结构是产业结构演进的根本动因：对消费需求结构与产业结构关系问题的思考 [J]. 消费经济，1997 (2)：22-26.

[41] 高鹤文. 准公共产品领域国有经济功能研究 [D]. 吉林：吉林大学经济学院，2009.

[42] 高占祥. 文化力 [M]. 北京：北京大学出版社，2007.

[43] 顾江，高莉莉. 我国省际文化产业竞争力评价与提升：基于 31 省市数据的实证分析 [J]. 福建论坛（人文社会科学版），2012 (8)：5-11.

[44] 顾江. 文化市场建设中的政府介入机制 [J]. 江海学刊，2001 (5)：30-33.

[45] 顾金喜，宋先龙，于萍. 基本公共文化服务均等化问题研究——以区域间对比为视角 [J]. 中共市委党校学报，2010 (5)：56-60.

[46] 郭春丽，相伟. 以产业结构升级促进消费结构升级 [J]. 宏观经济管理，2013 (8)：15-17.

[47] 郭国峰，郑召峰. 我国中部六省文化产业发展绩效评价与研究 [J]. 中国工业经济，2009 (12)：76-85.

[48] 郭淑芬，王艳芬，黄桂英. 中国文化产业效率的区域比较及关键因素 [J]. 宏观经济研究，2015 (10)：111-119.

[49] 韩海燕. 中国城镇居民文化消费问题实证研究 [J]. 中国流通经济，2012 (6)：93-98.

[50] 何里文，袁晓玲，邓敏慧. 中国文化产业全要素生产率变动、区域差异分析——基于 Malmquist 生产力指数的分析 [J]. 经济问题探索，2012 (9)：71-77.

[51] 何星亮. 文化功能及其变迁 [J]. 中南民族大学学报（人文社会科版），2013 (5)：33-41.

[52] 何雄浪，李国平，杨继瑞. 我国产业集聚原因的探讨——基于区域效应、集聚效应、空间成本的新视角 [J]. 南开经济研究，2007 (6)：43-60.

[53] 何雄浪，李国平. 运输成本、交易成本与交易效率——新古典经济学分析框架的矫正 [J]. 学术月刊，2007，(4)：82-89.

[54] 何雄浪，赵峰. 空间相关性、企业效益与我国地区资本流动 [J]. 南开经济研究，2013 (2)：112-131.

[55] 胡惠林，李康化. 文化经济学 [M]. 太原：山西人民出版社，2006.

[56] 胡惠林. 我国文化产业发展战略理论文献研究综述 [M]. 上海：上海人

民出版社，2010 (9).

[57] 胡守勇. 农村公共文化产品和服务供给研究综述 [J]. 河南大学学报（社会科学版），2014 (2)，74-95.

[58] 胡税根，宋先龙. 我国西部地区基本公共文化服务均等化问题研究 [J]. 天津行政学院学报，2011 (1)：62-67.

[59] 花建. 文化产业的集聚发展 [M]. 上海：上海人民出版社，2011 (12).

[60] 花建，等. 文化软实力——全球化背景下的强国之道 [M]. 上海：上海人民出版社，2013 (4).

[61] 黄永兴，徐鹏. 基于非条件分位数估计法的中国文化产业效率研究 [J]. 统计与信息论坛，2012 (11)：72-79.

[62] 黄永兴，徐鹏. 中国文化产业效率及其决定因素：基于 Bootstrap-DEA 的空间计量分析 [J]. 数理统计与管理，2014 (3)：457-466.

[63] 霍克海默，阿多诺. 启蒙辩证法 [M]. 洪佩郁，等，译. 重庆：重庆出版社，1990 (10).

[64] 顾江，吴建军，胡慧源. 中国文化产业发展的区域特征与成因研究——基于第五次和第六次人口普查数据 [J]. 经济地理，2013 (7)：96-114.

[65] 贾春峰. "文化力"论 [J]. 东岳论丛，1998 (6)：19-22.

[66] 贾春峰. 市场经济与"文化力"研究 [J]. 学习与探索，1994 (3)：70-73.

[67] 江林，马椿荣. 我国最终消费率偏低的心理成因实证分析 [J]. 中国流通经济，2009 (3)：57-60.

[68] 蒋萍，王勇. 全口径中国文化产业投入产出效率研究——基于三阶段 DEA 模型和超效率 DEA 模型的分析 [J]. 数量经济技术经济研究，2011 (12)：69-81.

[69] 解学芳. 公共文化产品供给绩效与文化消费生态研究——以上海为例 [J]. 统计与信息论坛，2011 (7)：104-111.

[70] 金元浦. 文化，民族凝聚力和创造力的重要源泉 [J]. 政工研究动态，2007 (11)：14-16.

[71] 金元浦. 文化生产力与文化产业 [J]. 求是，2002 (2)：38-40.

[72] 雷蒙·威廉姆斯. 文化与社会 [M]. 高晓玲，译. 吉林：吉林出版社，2011.

[73] 李江帆. 文化力、文化生产力与精神生产力 [J]. 中国经济问题，2007

（5）：3-10.

［74］李彬彬．居民消费需求变化和发展趋势分析——以山东省为例［J］．金融经济，2009（12）：35-36.

［75］李青岭．文化生产力与文化产业［J］．生产力研究，2007（6）：50-52.

［76］李少惠，王苗．农村公共文化服务供给社会化的模式构建［J］．国家行政学院学报，2010（2）：44-48.

［77］李兴江，孙亮．中国省际文化产业效率的区域差异分析［J］．统计与决策，2013（20）：124-128.

［78］梁君，黄慧芳．中国省级区域文化产业竞争力分析［J］．统计与决策，2012（11）：91-93.

［79］林东生．论文化消费增长与文化产业发展趋势［J］．东岳论丛，2011（5）：105-107.

［80］刘洁，陈海波，肖明珍．基于 Panel-Data 模型的江苏城市居民文化消费的实证研究［J］．商业经济，2012（4）：36-39.

［81］刘军，徐康宁．产业集聚、经济增长与地区差距——基于中国省级面板数据的实证研究［J］．中国软科学，2010，7：91-102.

［82］刘玉平，王晓鹏．文化产业文献导读［M］．福建：福建人民出版社，2013（9）.

［83］刘志勇．我国区域文化竞争力研究［D］．北京：中国人民大学统计学院，2013.

［84］鲁小伟，毕功兵．基于主成分分析法的区域文化产业效率评价［J］．统计与决策，2014（1）：63-65.

［85］陆立新．农村居民文化消费影响因素的区域差异分析及动态效应分析［J］．统计与决策，2009（9）：81-83.

［86］罗晓玲．近年我国文化消费研究述评［J］．华中农业大学学报（社会科学版），2004（3）：70-74.

［87］罗幼喜，李翰芳，田茂再．面板数据分位回归模型中固定与随机效应的选择［J］．统计与决策，2016（7）：4-8.

［88］罗幼喜，田茂再．面板数据的分位回归方法及其模拟研究［J］．统计研究，2010（10）：81-87.

［89］吕炜，刘国辉．中国教育均等化若干影响因素研究［J］．数量经济技术经济研究，2010（5）：20-33.

［90］马箭，陈子华．人力资本、物质资本对文化产业增长影响的实证研究［J］．财经理论与实践，2014（5）：108-114.

［91］马玉琪，扈瑞鹏．基于面板分位回归模型的我国城镇居民文化消费影响因素分析［J］．消费经济，2015（2）：79-83.

［92］马跃如，白勇，程伟波．基于SFA的我国文化产业效率及影响因素分析［J］．统计与决策，2012（8）：97-101.

［93］迈克尔·波特．国家竞争优势（中译本）［M］．北京：华夏出版社，2002.

［94］米银俊，王守忠，孙浩．浅析《资本论》中的文化消费［J］．地质技术经济管理，2002（6）：63-66.

［95］倪鹏飞．中国：城市竞争力与文化观念［N］．开放导报，2002（9）：13-17.

［96］齐晓丽，金善女，梁慧超，连建新．基于面板数据的分位数回归及实证研究［J］．河北工业大学学报，2010（6）：5-9.

［97］祁述裕，刘琳．文化与科技融合引领文化产业发展［J］．国家行政学院学报，2011（6）：64-67.

［98］秦开凤．文化消费内涵辨析［J］．经济研究导刊，2011（26）：209-211.

［99］邱俊杰，李承政．人口年龄结构、性别结构与居民消费——基于省级动态面板数据的实证研究［J］．中国人口、资源与环境，2014（2）：125-131.

［100］任强．中国省际公共服务水平差异的变化：运用基尼系数的测度方法［J］．中央财经大学学报，2009（11）：5-9.

［101］任珺．公共文化服务体系研究综述：2004—2007年［J］．2007中国公共文化服务发展报告．北京：社会科学文献出版社，2007：33-41.

［102］任英华，游万海．一种新的空间权重矩阵选择方法［J］．统计研究，2012（6）：99—105.

［103］塞缪尔·亨廷顿．文明的冲突与世界秩序的重建［M］．周琪，刘绯，等，译．北京：新华出版社，2010.

［104］申明龙．中国省级地区R&D溢出效应研究［J］．统计与决策，2012（15）：83-86.

［105］沈昕，凌宏彬．提升区域文化软实力研究：概念、构成、路径［J］．理论建设，2012（4）：5-11.

［106］疏仁华．论农村公共文化供给的缺失与对策［J］．中国行政管理，2007

(1)：60-62.

［107］眭海霞，李金兆，龚春明.“文化强国”视域下成都市的公共文化服务体系建设［J］. 中华文化论坛，2013（6）：135-140.

［108］孙长宁，沙吉才，曾五一. 试论社会主义精神生产［J］. 经济研究，1979（6）：25-32.

［109］孙政，吴理财. 公共文化服务刚性供给与文化需求弹性发展的矛盾及解决之道——基于12省25县（区）的公共文化服务体系问卷调查［J］. 广州公共管理评论，2013（9）：72-94.

［110］孙智君，李响. 文化产业集聚的空间溢出效应与收敛形态实证研究［J］. 软科学研究成果与动态，2015（6）：173-183.

［111］汤伟伟，汪涛，王三银. 基于改进灰色关联分析法的企业文化竞争力综合评价［J］. 商业时代，2010（11）：138-140.

［112］唐亚林，朱春. 当代中国公共文化服务均等化的发展之道［J］. 学术界，2012（5）：24-39.

［113］陶坚. 美国发展文化产业的主要经验及对我国的启示［A］. 中国文化产业（国际）论坛组委会. 第二届中国文化产业（国际）论坛论文集. 北京：人民日报出版社，2004：687.

［114］田丰. 论文化竞争力［J］. 马克思主义研究，2006（2）：16-21.

［115］田丰. 论文化生产力［J］. 广东社会科学，2006（5）：5-14.

［116］田青，马健，高铁梅. 我国城镇居民消费影响因素的区域差异分析［J］. 管理世界，2008（7）.

［117］田学斌，闫真. 消费结构与产业结构的关系：理论框架与实证分析［J］. 消费经济，2010（3）：20-24.

［118］王惠，王树乔，李小聪. 基于空间异质性的农村文化产业技术效率收敛性［J］. 经济地理，2015（8）：172-177.

［119］王家庭，张容. 基于三阶段DEA模型的中国31省市文化产业效率研究［J］. 中国软科学，2009（9）：75-82.

［120］王俊，王琪延. 中国地级及以上城市旅游竞争力评价研究［J］. 经济问题探索，2010（2）：132-137.

［121］王克群. 推动文化产业成为国民经济支柱性产业［J］. 中共珠海市委党校珠海市行政学院学报，2010（6）：20-26.

［122］王璐璐，曾元祥，许洁. 论文化产品的公共属性——兼谈文化生产中的

政府职能 [J]. 出版科学，2014 (5)：51-54.

[123] 王琪延，王博. 北京建设全国文化中心的设想 [J]. 首都经济贸易大学学报，2016 (1)：81-84.

[124] 王琪延，王博. 将北京建设成为世界文化中心城市的建议 [J]. 北京社会科学，2015 (4)：9-14.

[125] 王琪延，王博. 世界中心城市文化竞争力核心要素比较研究 [J]. 调研世界：2014 (9)：47-51.

[126] 王琪延，王博. 传统文化的当代发展需要创新驱动 [N]. 中国社会科学报，2016-06-30.

[127] 王亚南，方彧. 中国东西部文化消费影响因素异同探析 [J]. 广义虚拟经济研究，2010 (1)：42-46.

[128] 王亚南. 基于民生需求的文化发展评价体系——“九五”以来文化消费民生效应景气指数排行榜 [J]. 江苏社会科学，2010 (4)：81-90.

[129] 王亚南. 提升文化消费与健全社会保障 [J]. 云南社会科学，2010 (2)：86-90.

[130] 王亚南. 我国城镇居民文化消费影响因素及其区域差异研究 [J]. 西北师范大学学报（社会科学版），2014 (9)：139-144.

[131] 王亚南. 全国各地城乡居民文化消费比较 [J]. 云南社会科学，2008 (5)：88-92.

[132] 吴崇宇，华斌，王裕雄. 我国居民消费的主要影响因素及居民消费预测研究——基于“缓冲储备储蓄模型”的理论扩展 [J]. 经济问题探索，2015 (8)：22-28.

[133] 吴瑾. 我国居民消费结构实证分析及其优化升级对策研究 [J]. 国际经济合作，2010 (4)：36-39.

[134] 夏国锋，吴理财. 公共文化服务体系研究述评 [J]. 理论与改革，2011 (1)：156-160.

[135] 徐桂菊，王丽梅. 城市文化竞争力评价体系的构建 [J]. 山东经济，2008 (5)：101-107.

[136] 徐玲. 中国城市文化力统计研究 [D]. 北京：中国人民大学，2013.

[137] 闫平. 文化产品和服务的公共性与公益性文化事业建设 [J]. 山东社会科学，2008 (12)：84-87.

[138] 杨晓光. 关于文化消费的理论探讨 [J]. 山东社会科学，2006 (3)：

156-159.

［139］杨新洪．关于文化软实力量化指标评价问题研究［J］．统计研究，2008，25（9）：44-48.

［140］尹世杰．消费经济学［M］．北京：高等教育出版社，2003.

［141］袁海．中国文化产业区域差异的空间计量分析［J］．统计与信息论坛，2011（1）：65-72.

［142］张帆．文化产业与文化创新［M］．镇江：江苏大学出版社，2011（12）.

［143］张桂琳．论我国公共文化服务均等化的基本原则［J］．中国政法大学学报，2009（13）：44-51.

［144］张宏伟，宋建武．公共文化产品的质量标准和控制机制研究［J］．四川大学学报（哲学社会科学版），2012（1）：139-144.

［145］张秋惠，刘金星．中国农村居民收入结构对其消费支出行为的影响——基于1997—2007年的面板数据分析［J］．中国农村经济，2010（4）：48-54.

［146］张仁寿，黄小军，王朋．基于DEA的文化产业绩效评价实证研究——以广东等13个省市2007年投入产出数据为例［J］．中国软科学，2011（2）：183-192.

［147］章穗，张梅，迟国泰．基于熵权法的科学技术评价模型及其实证研究［J］．管理学报，2010（1）：35-42.

［148］赵德兴，陈友华，李惠芬，等．城市文化竞争力指标体系研究［J］．南京社会科学，2006（6）：20-25.

［149］赵建国．中国文化产业国际竞争战略［M］．北京：清华大学出版社，2013（11）.

［150］赵伟．使用数学模型研究我国居民文化消费倾向［J］．中国传媒大学学报（自然科学版），2006（3）：62-67.

［151］黄羽翼．中国城市旅游产业发展统计研究［D］．北京：中国人民大学，2013.

［152］周冲．北京居民文化消费调查［J］．前线，2014（4）：85-88.

［153］周莉，顾江，陆春平．基于ELES模型的文化消费影响因素探析［J］．现代管理科学，2013（8）：12-14.

［154］周晓丽，毛寿龙．论我国公共文化服务及其模式选择［J］．江苏社会科学，2008（1）：90-95.

［155］周晔．国际大都市发展的新趋势［J］．城市问题，2011（3）：10-15.

［156］周玉波．文化力略论［J］．湖南师范大学社会科学学报，2003（9）：101-104.

［157］朱伟珏，姚瑶．阶级、阶层与文化消费——布迪厄文化消费理论研究［J］．湖南社会科学，2012（4）：52-57.

［158］左惠．文化产品的公共物品属性及其供给模式选择［J］．中州学刊，2009（5）：279-280.

［159］左鹏．中国城市居民文化产品消费行为研究［M］．上海：上海财经大学出版社，2010：44-45.

图书在版编目（CIP）数据

中国区域文化力发展指数. 2018/王琪延，王博著. —北京：中国人民大学出版社，2018.6
（中国人民大学研究报告系列）
ISBN 978-7-300-25795-2

Ⅰ.①中… Ⅱ.①王…②王… Ⅲ.①区域文化-文化产业-产业发展-指数-研究报告-中国-2018 Ⅳ.①G124

中国版本图书馆 CIP 数据核字（2018）第 100160 号

中国人民大学研究报告系列
中国区域文化力发展指数（2018）
王琪延 王博 著
Zhongguo Quyu Wenhuali Fazhan Zhishu（2018）

出版发行	中国人民大学出版社		
社　　址	北京中关村大街 31 号	**邮政编码**	100080
电　　话	010－62511242（总编室）		010－62511770（质管部）
	010－82501766（邮购部）		010－62514148（门市部）
	010－62515195（发行公司）		010－62515275（盗版举报）
网　　址	http://www.crup.com.cn		
	http://www.ttrnet.com（人大教研网）		
经　　销	新华书店		
印　　刷	北京玺诚印务有限公司		
规　　格	185 mm×260 mm　16 开本	**版　　次**	2018 年 6 月第 1 版
印　　张	10.5	**印　　次**	2018 年 6 月第 1 次印刷
字　　数	188 000	**定　　价**	39.00 元